快乐玩数独

进阶（教学版）

北京市数独运动协会　新新数独发展总部　编著

机械工业出版社
CHINA MACHINE PRESS

本书全面系统地介绍了数独较高难度级别的解题技巧和解题思路，适用于广大数独爱好者提升数独解题能力。书中采用技巧示意图讲解、卡点讲解、真题详解、解题心得等多角度教学互动形式，有助于读者熟练掌握较高级的数独解题核心技巧。书中精选了配合不同技巧的练习题，使读者在理解解法后可以立刻有针对性地进行练习，事半功倍地消化书中内容。

图书在版编目（CIP）数据

快乐玩数独·进阶：教学版／北京市数独运动协会，新新数独发展总部编著. —北京：机械工业出版社，2019. 11

ISBN 978-7-111-64286-2

Ⅰ. ①快…　Ⅱ. ①北…②新…　Ⅲ. ①智力游戏　Ⅳ. ①G898. 2

中国版本图书馆 CIP 数据核字（2019）第 267093 号

机械工业出版社（北京市百万庄大街 22 号　邮政编码 100037）

策划编辑：王淑花　朱鹤楼　　责任编辑：王淑花　于化雨

封面设计：吕凤英　　责任校对：孙丽萍

责任印制：郜　敏

北京圣夫亚美印刷有限公司印刷

2020 年 1 月第 1 版·第 1 次印刷

169mm×239mm·11. 5 印张·176 千字

标准书号：ISBN 978-7-111-64286-2

定价：39. 80 元

电话服务

客服电话：010-88361066

010-88379833

010-68326294

网络服务

机　工　官　网：www. cmpbook. com

机　工　官　博：weibo. com/cmp1952

金　书　网：www. golden-book. com

机工教育服务网：www. cmpedu. com

封底无防伪标均为盗版

前　言

　　北京市数独运动协会（以下简称"协会"）是由北京广播电视台、北京奥运城市发展基金会、北京市体育总会共同发起成立的协会，是世界智力谜题联合会在中国的唯一授权机构，致力于在国内推广普及数独这项智力运动。协会承担研究制定数独运动发展规划、竞赛训练规定以及全年竞赛流程和规则，选拔和推荐国家队队员参加每年一度的世界锦标赛等职责。此外，协会还承担推广普及数独运动的职责，通过吸纳会员、充分利用媒体资源开办数独节目、创办专业杂志、举办大型活动、策划出版数独书籍、深入开展培训等方式，提高数独运动在全社会的普及率和参与率。近年来，在协会强有力的推动下，数独进校园、进社区等普及活动蓬勃开展，截至2018年年底已组织各类讲座及段位考试数百场。此外，协会还长期为《北京青年报》《法制晚报》等报刊供题。

　　为更好地满足广大数独爱好者的需求，协会根据近年来国内数独发展情况并结合多年培训经验精心编写了"快乐玩数独"系列丛书，适合各年龄段数独爱好者阅读学习。本套丛书讲解通俗易懂，搭配的示意图生动典型，数独爱好者可以顺利提升数独解题能力。跟随数独讲解训练一步步掌握技巧并加以练习，相信读者很快就可以解答数独题目。

　　本书针对标准数独较高难度级别常用解法，如唯余法、组合区块排除法、数独中级组合技巧、宫内数组占位法、行列数对/数组占位法、显性数对/数组技巧、数独高级组合技巧，附带技巧示意图、卡点讲解、例题详解等多角度教学内容，并配有针对不同技巧进行训练的练习题，很适合数独爱好者提升数独解题能力使用。相信书中系统的教学内容可以帮助读者快速地梳理数独解题思路，提高解题能力，并建立起科学的观察模式和思维体系。

数独运动是一种脑力训练，不仅可以训练读者的逻辑思维能力、全局观察能力，还可以潜移默化增加读者的细心程度和信心。比如，在学习和练习数独的过程中，可以将学习到的思维模式应用到日常生活及其他学科中，相信读者可以获得更多处理棘手问题的思路和灵感。

北京市数独运动协会培训师刘一鸣为本书内容的编写提供了大力支持，特此鸣谢。

目 录

前 言

第一章　数独技巧与难度关系 / 001

第二章　唯余法入门 / 009

第三章　唯余法进阶 / 021

第四章　组合区块排除法 / 035

第五章　数独中级组合技巧 / 049

第六章　阶段测试 / 061

第七章　宫内数组占位法 / 067

第八章　行列数对占位法 / 081

第九章　行列数组占位法 / 093

第十章　显性数对技巧 / 107

第十一章　显性数组技巧 / 121

第十二章　数独高级组合技巧 / 135

第十三章　综合测试 / 149

附录　数独练习题答案 / 155

第一章
数独技巧与难度关系

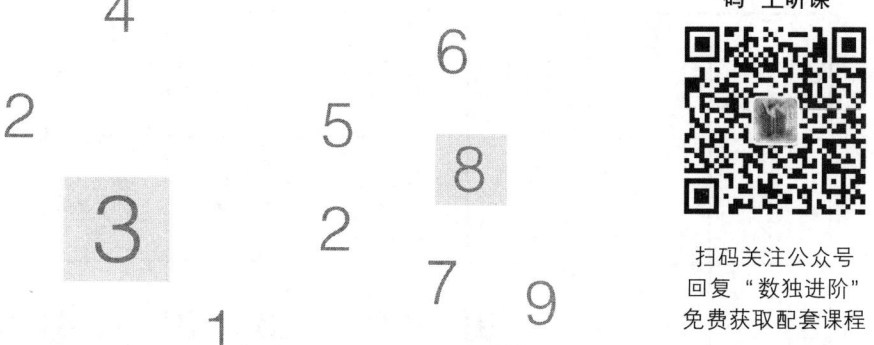

一、数独难度如何划分

对于数独难度这个抽象的概念，相信常做数独的玩家都会切身体会到它的存在。看起来相差无几的数独题目有的几分钟便可以解出来，有的甚至几十分钟都解不出来。而对于绝大多数玩家来说，对数独难度的了解是很模糊的，而每种难度代表什么含义就更知之甚少了。作为一套数独解法入门书籍，本书旨在系统讲解如何学习及提高数独解题水平，并重点普及数独具有不同难度这一观念。即使读者无法立刻升级为数独解题高手，也可以从侧面了解到数独晋级道路上需要克服的重重困难。

数独难度这种抽象的概念很难用文字描述清晰，下面我们用两道数独题目来进行对比讲解，相信你会对数独难度的概念有个初步的认识。

	5			8			7	
4			9		5			2
		7				9		
	3		1		4		5	
2				3				4
	4		8		9		6	
		2				5		
3			4		6			9
	9			5			8	

图 1-1

	5			1			8	
6			4		2			9
		9				2		
	3		2		7		5	
5				3				2
	6		5		1		9	
		1				7		
7			3		8			4
	2			7			6	

图 1-2

从图 1－1 和图 1－2 两道数独题目可以看出两题的已知数个数和位置都完全一致，但由于数字排列的结构不同，导致这两题难度差距较大。图 1－1 题目难度为初级，而图 1－2 题目是需要用到本书所讲的解题技巧才能解决的中高级难度数独。

读者可以体会一下两题难度的差别，从这两题的示例可以看出来，数独题目难度与题目已知数个数和位置都没有直接关系。而影响题目关键因素是什么呢？下面我们从几方面进行探讨。

二、影响数独难度的因素

通过以上内容我们可以了解到数独题目已知数个数并不是影响题目难度的关键因素，那么影响难度的因素都有哪些呢？

从本套丛书的排序方面大家可以看到，教学版的这两册书是按数独技巧难度递进排序的，这也就从侧面表示出，解出数独题目需要使用的技巧是决定题目难度的关键因素。但是，解题需要使用什么技巧直观上是无法判断的，必须将题目完全解一遍或进行详细分析才能判断出来。也就是说，如果只是看一眼数独题目，是无法准确衡量题目难度的。若对此说法产生怀疑的话，大家可以试着凭借第一印象来判断图 1－3 和图 1－4 中两题难度如何。

			5					9
		1		3			2	
	8		1			3		
9		7			4			
	4			6			1	
			9			2		7
		9			1		7	
	1			4		8		
7					8			

图 1－3

8			4		9			6
		7		6			9	
	6	9	5			1		
1		2			7			5
	9			5			7	
7			2			4		9
		1			8	3	4	
	3			4		9		
9			3		1			8

图 1－4

从图 1－3 和图 1－4 中可以看出，已知数多少不是决定题目难度的关键因素。有时候已知数少的题目难度也会比较小，可见题目难度的大小主要还是看题目的解答是否需要使用难度更高的技巧。但需要注意的是，在运用到相同等级技巧的题目中，已知数的多少还是会影响到题目难度的。比如都是初级难度的题目，40 个已知数的题目很可能比 24 个已知数的题目要更容易。

三、数独难度划分标准

我们已经了解到数独难度划分是按所含必须使用到的技巧作为标准的，那么下面我们将常见的难度和划分细则进行说明，并附一道例题让大家可以直观感受到数独难度的差别。

1. 入门难度——宫内排除法

只用宫内排除法就可以完全解出的题目我们划归为入门难度。已知数个数通常给定在 32 ~40 个之间，如图 1－5 所示。

2		4	3			5		
			6	8			3	
8		1		7		6		2
5	7		2		6			
	1	6				3	2	
			5		9		6	7
4		5		6		9		1
	8			2	4			
		7			8	2		3

图 1－5

2. 初级难度——宫内排除法、行列排除法、区块排除法

只需要用以上这三种排除法就可以完全解出的题目我们划归为初级难度。已知数个数通常给定在 28 ~32 个之间，如图 1－6 所示。

	3		4	5	8			
4		6					5	
	8		3		6			
7		4			3	6		1
3								8
2		8	7			5		9
			1		2		6	
	4					1		7
			6	7	4		9	

图 1－6

3．**中级难度——排除法、宫内数对占位法、唯余法**

除了三种排除法，还需要使用宫内数对占位法或唯余法才能解出的题目我们划归为中级难度。已知数个数通常给定在 28 个左右，如图 1－7 所示。

	5		4	9	3		2	
	8						4	
		2				1		
1			5		6			4
		4				2		
2			8		4			7
		5				9		
	3						5	
	1		3	5	8		7	

图 1－7

4．**高级难度——排除法、宫内数对占位法、唯余法、数组占位法、行列数对（组）占位法、显性数对（组）技巧**

除了中级难度涉及的技巧外，还可能使用数组占位法、行列数对（组）占位法、显性数对（组）技巧等的题目我们划归为高级难度。已知数个数通常给定在 24 个左右，如图 1－8 所示。由于高级难度数独涉及的技巧较多，而不同高级题目中涉及技巧的种类和数量也不同，使得同属于高级难度的数独题目之间难度差异也较大。读者可以通过本书后面所讲的中高级难度练习题进行体会。

	2				6			
3		9		4		1		
	4				5		6	
						9		8
	8						3	
4		6						
	7		3				1	
		5		9		2		6
			7				9	

图 1-8

四、划分数独难度的其他因素

我们已经了解数独难度的划分标准是解题使用到的技巧种类，需要用到的技巧难度等级越高则题目的难度越大。虽然根据技巧划分是当前数独界公认的方式，但这种划分方法还是比较粗犷的，例如同难度等级的题目已知数的个数还可以细微影响题目难度。使用到的技巧的难度等级是判断题目难度的关键，而同样运用唯余法的题目，一处需要使用唯余法填数和三处需要使用唯余法填数的难度又不同。所以，综合上述因素可以看出，数独题目的难度是一种被多重因素影响的指数，我们在解题时只需要大致了解难度范围即可，无须也无法对题目难度进行过于细致的划分。

除了上述的客观因素外，解题者主观因素对题目难度也会有较大的影响。由于解题者自身解题能力的水平不同、掌握解题技巧数量的差距、解题观察习惯和做题状态的不同，使得对于同一道数独题目，不同人会给出不同的难度判断。有时甚至会出现同一题，同一个人在不同时间做，对难度判断也会出现较大差距的现象。这就更从侧面说明了对于数独题目难度只需要大致了解，练习时找到大致适合的难度等级的题目即可，无须也无法细化到极其准确的程度。

此外，人工解题时间也是很好判断难度的一个标准。水平越高、越稳定的选手解题时间越具有代表性和参考性。

五、数独难度与学习技巧和数独解题练习之间的关系

在了解数独题目难度的概念后，对于我们学习数独和练习题目有什么指导意义吗？这点也是很多初学爱好者十分关心的。简单来说，不管学习数独技巧还是练习提高水平，都需要按数独的难度逐步进行。在一个难度级别的题目练习熟练后再开始下一个难度级别的练习。由于不同难度题目中所运用的技巧不同，如果没有熟练掌握上一个难度级别的技巧、思路和观察方法，贸然进行更高难度题目练习的话，在遇到题目难点和卡点时解题者会很茫然，不知道被什么技巧卡住了，会没有条理地乱找线索使解题过程陷入僵局。而熟练掌握一个难度级别的技巧后，会先将熟练的技巧找到，再将精力花费在寻找新技巧的思路上，这样会更容易将题目难点破解。这些解题思路和观察寻找卡点的小技巧相信大家在后续的练习中会逐渐体会。

本系列教程和配套练习也是严格按照技巧进行分类和逐步讲解练习的。读者应先将上一册初级题目掌握熟练，再进行本册书的中、高级数独技巧的学习。希望读者通过本教程的讲解，可以少走弯路、快速成长，顺利通过各技巧的考验，并比较系统地建立具有可操作性的思路体系和观察模式。

```
    8
        6
7   4   3   2
    1  5  9
```

6 7 4 3 2 9 8 1 5

第二章
唯余法入门

"码"上听课

扫码关注公众号
回复"数独进阶"
免费获取配套课程

4
2   6
        5   8
    3   2
    1   7 9

6 7 4 **3** 2 9 **8** 1 5

> **本章知识点**
>
> 1. 唯余法的基本原理；
> 2. 双区简单情况的唯余法的使用。

> **学习目标**
>
> 1. 了解唯余法的基本技巧，并找出与排除法的区别；
> 2. 会用双区情况的唯余法解题，并可以解决中级难度标准数独题。

在上一册入门教学版图书中，我们讲解了数独的基本技巧，主要包括宫内排除法、区块排除法、行列排除法、数对占位法。这四种方法的出发点都是"排除"，通过各种已知数线索排除某数填入某空格的可能性。在本章中，我们讲解一种全新的解题角度——唯余。在数独圈中，流行两大派技巧："排除流"和"唯余流"，我们至此进入第二大派别。那究竟什么是唯余呢？唯余与排除最大的不同是，排除是排除空格，而唯余是排除空格内的数。我们可以通过图2-1、图2-2所示的两个示意图来体会一下。

一、唯余法示意图

在图2-1中，用排除法已无从下手，我们无法通过各种排除而得到唯一的数字位置，那我们不妨换一个解题角度。首先请大家确认一点，若全盘没有任何已知数的限制，每一个空格的填数可能范围都应该是 1 ~9，这点应不难理解。那么若有了已知数的限制，为保证行、列和宫均不重复，盘面内空格的填数可能范围就不再是 1 ~9 了，如若经各种限制，使得某格内填数的可能范围逐一排除后，仅剩下一个数字的可能性，我们便可以笃定这个格只能填此数（因为其他数可能性都被排除，且此格不能为空），这便是唯余法的基本思路。我们看图 2 - 1 中的例子，观察 E8 格，E 行中存在已知数 3、5、7、9，因此，E8 格为避免重复，不可再填入这四个数；同理，8 列中存在已知数 1、2、4、8，因此 E8 格不可再填入这四个数；这样一来，原空格内的填入数字 1 ~9 的可能范围一下子排除掉八个，仅剩下唯一一种可能：E8 =6。

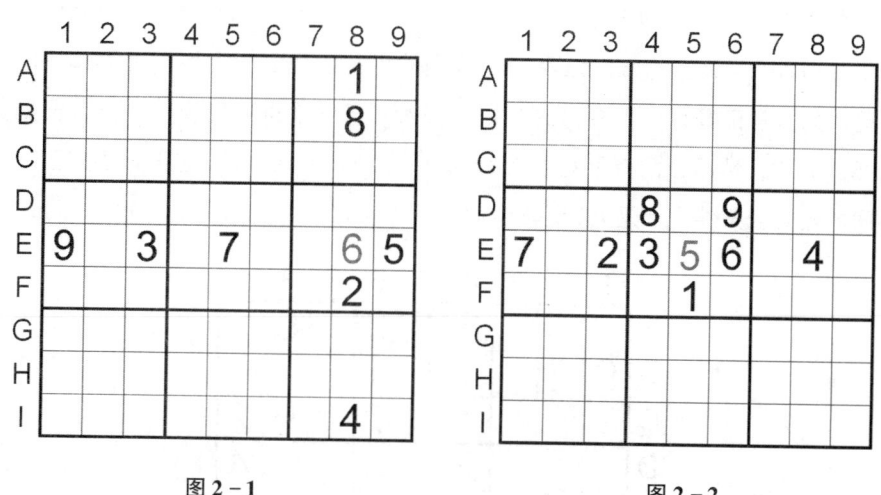

	1	2	3	4	5	6	7	8	9
A								1	
B								8	
C									
D									
E	9		3		7			6	5
F								2	
G									
H									
I								4	

图 2 - 1

	1	2	3	4	5	6	7	8	9
A									
B									
C									
D				8		9			
E	7		2	3	5	6		4	
F					1				
G									
H									
I									

图 2 - 2

刚才我们只考虑观察行列的已知数情况，但唯余法不止如此，有时也需要根据宫的已知数线索进行排除。在图 2 - 2 中，我们观察 E5 格，在没有已知数干预的初始，可填数字范围为 1 ~9。我们观察 E 行，已知数线索有 2、3、4、6、7，从而排除了 E5 填此五个数的可能性；观察五宫，已知数线索有 1、3、6、8、9，刨去 E 行中已出现的重复数字，从而排除了 E5 填 1、8、9 的可能性。这样一来，E5 仅剩下唯一的一个数可以填，即 E5 =5。

这里我们强调一点，在进行格内数字可能性的排除时，我们需要在该格所在的行、列、宫内找到八个不同的数字线索，由此才可以经唯余后得到能填入该格的唯一一个数字。需要注意的是，这里是需要八个不同的数字，在数独真题中，已知数往往有太多干扰性因素，我们不能找到八个数字就以为满足了唯余条件，从而很可能少考虑了该格可以填入的其他数字的可能性。本章我们主要讲解运用行、列、宫的其中两个区域进行唯余的简单情况，有关三个区域联合唯余的复杂情况留到下一章中集中讨论。

二、真题卡点讲解

前面提到了数独真题中可能存在干扰性数字，下面我们看一道真题，看看如何用你的“火眼金睛”找到我们所需要的“唯余”数字线索吧！

如图 2－3 所示，本题已经用基本的排除技巧解出一部分数字，至此进入卡点。此刻我们可以选用唯余法解决。我们的目的是找到一个格，使得其格所在的行、列、宫正好有八个不同的已知数线索。仔细观察可发现，A 行有已知数 2、5、8、9，然后 2 列有不同于 A 行的已知数 3、4、6、7，这正好凑成了八个不同的已知数条件，于是 A2 经唯余后只可能填入数字 1，即 A2 =1。

	1	2	3	4	5	6	7	8	9
A		1		8	2	9		5	
B	9	2			5	1	6		
C						7		9	2
D				2		6			4
E	4	6	2	9	7	3	5	1	8
F	7			5		4			6
G		3				5			9
H	8	4	5	7	9	2	3	6	1
I		7	9		3	8			5

图 2－3

这便是我们本章所讲的唯余法的实际应用。实际上，唯余法只是把某行（某列或某宫，以下只用行代替）只剩下唯一一个空格的情况延伸到“二维”或“三维”情况，即原来在一行中有八个已知数，分配到行、列、宫的 2 ~3 个区域中，结果与之前的“补空”一致，都是通过八个不同的数字线索排除至该格内的可填数字只有一个的情况。

三、例题详解

下面我们看一道例题，在例题中体会如何在“眼花缭乱”的已知数中寻找唯余位置。如图 2－4 所示，本例我们试图以“唯余流”入手。我们在寻找唯余位置时，一般首先观察某行、某列或某宫空格较少的区域，然后排查缺失数字，再从区域外观察是否存在唯余。例如，观察 9 列，剩余四个空格，对应于缺失数字 3、4、5、7，由于列的条件已用过，我们只需考虑某格对应的行或宫中是否有上述四个已知数线索即可。不难发现，D 行中恰好存在 4、5、7 三个数字线索，由此容易得到 D9 格经 9 列和 D 行唯余后只剩下的一种可能，D9 =3。那么有了 9 列 3 的出现，剩余的三个空格应对应于缺失数字 4、5、7，我们又观察到 A 行恰好有数字 4 和 7，由此唯余得到 A9 =5。同样道理，我们观察 1 列，缺失数字为 2、5、6、8，而 I 行恰好有数字 2、5、6，经唯余可得 I1 =8。此时缺失数字仅剩下 2、5、6，A 行中又恰好有数字 2 和 5，经唯余易得 A1 =6。如图 2－5 所示。

	1	2	3	4	5	6	7	8	9
A		9		4	2		1	7	
B	4								9
C			1			5			6
D	7			5	4				
E	9			6		3			2
F					9	7			1
G	3						2		
H	1								8
I		6	2		5	9		1	

图 2－4

	1	2	3	4	5	6	7	8	9
A	6	9		4	2		1	7	5
B	4								9
C			1			5			6
D	7			5	4				3
E	9			6		3			2
F					9	7			1
G	3						2		
H	1								8
I	8	6	2		5	9		1	

图 2－5

此时，A 行和 1 列的剩余两个空格容易排除补全。宫内排除容易得到一连串的数字：E7 =7，F2 =3，C4 =9，B8 =2，D2 =2，E8 =5，H7 =5。经排除易补全五宫，如图 2 -6 所示。

	1	2	3	4	5	6	7	8	9
A	6	9	3	4	2	8	1	7	5
B	4							2	9
C	2		1	9		5			6
D	7	2		5	4	1			3
E	9			6	8	3	7	5	2
F	5	3		2	9	7			1
G	3						2		
H	1						5		8
I	8	6	2		5	9		1	

图 2 -6

我们继续回归唯余法。此时 6 列中仅剩下三个空格，缺失数字为 2、4、6，而 B 行恰好有数字 2 和 4，由此唯余得到 B6 =6；顺势排除补全 6 列、9 列剩余的两个空格。然后又可以补全 E 行、I 行剩余的两个空格。继续用唯余法求解，观察 4 列，缺失数字为 1、3、8，而 H 行中恰好有 1 和 8，由此唯余得到 H4 = 3；4 列剩余的两格也容易通过行列排除补全，然后八宫的剩余两格也容易补全。如图 2 -7 所示。

	1	2	3	4	5	6	7	8	9
A	6	9	3	4	2	8	1	7	5
B	4			1		6		2	9
C	2		1	9		5			6
D	7	2		5	4	1			3
E	9	1	4	6	8	3	7	5	2
F	5	3		2	9	7			1
G	3			8	1	4	2		7
H	1			3	6	2	5		8
I	8	6	2	7	5	9	3	1	4

图 2 -7

继续使用唯余法求解：观察H行，缺失数字为4、7、9，而九宫中正好有4和7，于是唯余得到H8＝9；顺势依次补全H行、七宫、九宫中的剩余空格。观察8列，缺失数字为3、4、8，而D行中恰有3和4，于是唯余得到D8＝8，顺势补全剩余两个空格。如图2－8所示。

至此，本题已进入收尾阶段，剩余的几个空格仅通过简单的宫内排除对其进行补空即可全解。答案如图2－9所示。

	1	2	3	4	5	6	7	8	9
A	6	9	3	4	2	8	1	7	5
B	4			1		6		2	9
C	2		1	9		5		3	6
D	7	2		5	4	1		8	3
E	9	1	4	6	8	3	7	5	2
F	5	3		2	9	7		4	1
G	3	5	9	8	1	4	2	6	7
H	1	4	7	3	6	2	5	9	8
I	8	6	2	7	5	9	3	1	4

图2－8

	1	2	3	4	5	6	7	8	9
A	6	9	3	4	2	8	1	7	5
B	4	7	5	1	3	6	8	2	9
C	2	8	1	9	7	5	4	3	6
D	7	2	6	5	4	1	9	8	3
E	9	1	4	6	8	3	7	5	2
F	5	3	8	2	9	7	6	4	1
G	3	5	9	8	1	4	2	6	7
H	1	4	7	3	6	2	5	9	8
I	8	6	2	7	5	9	3	1	4

图2－9

四、本章总结

本章我们进入“唯余流”理论的入门解法——唯余法的学习，首次接触一套新的视角，大家或许有所不适，但有些题目的设定使得用唯余法入手比用排除法入手解题速度要快得多。因此，唯余法是十分重要的技巧，在“唯余流”中的地位等同于“排除流”中的宫内排除法，若唯余法没有学通，后面有关链状解法等需要标注候选数的方法，学习起来将会十分吃力。

在本章中，我们主要涉及两个区域的唯余法，涉及最多的是行与列的唯余法。在一般情况下，我们先观察剩余空格较少的某行（或某列，后续我们只讨论行），理清该行中的缺失数字；然后我们再寻找包含缺失数字的列，使其对交叉单元格进行唯余法处理。具体地，列中所包含的数字线索应只比行中的缺失数字总数少一个，只有这样才能够使交叉格得到唯一确定的数字。

五、本章练习题

第 1 题　　　用时：_____

		7	6				2	3
					1			
3		5		4			1	9
		3	9					
	1		4		8		5	
					3	1		
4	6			5		3		1
			8					
		3	8			6	7	

第 2 题　　　用时：_____

3		2					5	1
1				9				
		9	2		4	7		6
		5				6		
	2						9	
		8				1		
6		7	1		3	5		
					7			2
2	9					8		7

第 3 题　　　　用时：________

8				7		6		
		5		8	4			
			3	1	6		5	2
	9					4		
		6				5		
		3					6	
1	6		2	4	8			
			6	3		1		
		7		9				6

第 4 题　　　　用时：________

4					1	7		
9		2		3				5
5			4	9			3	
				6	4			
		4				2		
			9	2				
	9			4	6			3
1				5		9		8
		3	8					7

6 7 4 3 2 9 8 1 5

第 5 题　　　　　用时：________

		5						
3	7				1	4	2	9
	4				7	3		
4	8			6				
	1						4	
				2			3	1
		4	2				7	
1	9	6	5				8	4
						5		

第 6 题　　　　　用时：________

			3	7	5	8	1	
7								
	8		6	1		7		
		7	1			5		
		4				3		
		8			7	4		
		5		2	4		3	
								6
	2	3	8	9	6			

第 7 题　　　　用时：________

2			1			4		8
		6				3		
1	4				9		6	
		3	8		7			2
4			2		3	7		
	7		6				1	4
		1				2		
6		4			1			5

第 8 题　　　　用时：________

				4		8	9	2
3		9				5	7	
				2				1
	7		2					5
	1						2	
4					3		6	
2				7				
	8	5				7		3
7	6	1		3				

第 9 题　　　　　用时：_____

		3	1	6		9		5
6	8				5			
		5						1
4								
1		8	6		7	4		9
								8
9						8		
				2			3	4
5		7		4	8	1		

第 10 题　　　　　用时：_____

	5				7	3		1
			4	5	1			7
9		1					6	
2		9						
7								6
						4		2
	4					6		3
1			3	6	8			
6		5	1				7	

第三章
唯余法进阶

6 7 4 3 2 9 8 1 5

本章知识点

1. 结合实例，具体学习唯余法在数独实战中的观察方向；
2. 学习在行、列、宫三个区域分散找唯余位置。

学习目标

1. 熟练掌握唯余法的解题步骤，并学会观察三区域的复杂唯余情况；
2. 可以解决中级难度的标准数独题。

经过上一章的学习，相信大家对于唯余法有了初步的掌握，由此也算得上是“唯余流”的“入门弟子”了。那么我们先巩固一下唯余法的具体解题原理吧。我们通过某一格所在的行、列、宫三个区域的已知数对格内填入的数字可能性进行逐一排除，直到该格内只剩下唯一一个可能填入的数字。唯余法与排除法的主要区别在于，唯余法是排除空格的数字可能，而排除法是排除数字填入某空格的可能。

上一章我们主要练习了从两个区域的角度寻找唯余位置（行＋列，行＋宫，列＋宫），我们主要是先观察剩余空格较少的行、列或宫，排查出缺失数字，然后再从区域外寻找相应的数字线索，对空格内填入数字的可能性进行逐一排除。那么这节课我们将提升观察难度，将考虑行、列、宫的所有数字线索，分散观察逐一排除，最终唯余得到答案。这一过程实际上与两个区域的观察步骤类似，但不限于此，因为有了三个维度的已知数线索，唯余位置便不一定在某一“维度”上（这里维度指行、列或宫）体现太多已知数线索，这便不一定会使某一“维度”上出现较少空格。因此我们这里只是提供一个一般性思路，具体的唯余位置还需大家的“火眼金睛”。

一、唯余法示意图

如图3－1所示，本题用排除法已难以解决，而数字又分散在各个区域，亦难以找到空格较少的行、列或宫。那该怎么办呢？由于本题的“对称”结构，我们不难观察到，有效已知数交错的格子应为E5格；或者说，E5格是本题中与所有有效已知数均同行同列或同宫的“中心”。因此我们不难将其设定为唯余位置，进而观察发现，E行有已知数2和3，5列有已知数5和7，五宫内有已知数1、6、8、9，而且这八个数字彼此之间不重复。这样一来，E5格初始的1～9数字可能性被排除了八个，只剩下唯一填入该格的可能数字，即E5＝4。

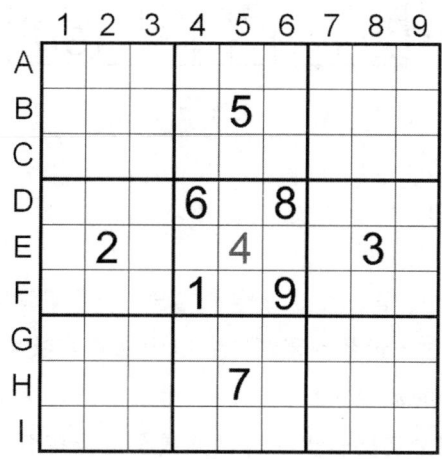

	1	2	3	4	5	6	7	8	9
A									
B					5				
C									
D				6		8			
E		2			4			3	
F				1		9			
G									
H					7				
I									

图3－1

我们之前涉及的示意图所给出的数字全部是有用数字，但在实际题目中难免会有一些干扰性的重复数字，或者说是“唯余”的重复性线索，我们需要在各种重复的数字线索中，找到有用的、不同的八个，进而唯余解出数字。再看一例，如图3－2所示，本题中给出的已知数较多，若此处我们限定用唯余解题的话，观察I6格，I行、6列、八宫中总共有大量的已知数，已经超过八个。这说明其中必有重复的已知数，而这些重复的已知数线索对于唯余来说并无意义，因此我们只需在行、列、宫中结合排查，找到不同的八个数字即可。图中圈出了八个有用的数字，进而唯余得到 I6 = 7。当然重复性的数字是可以任挑其一作为唯余线索的。这里大家可以按照行、列、宫的顺序理清线索，去掉重复；也可以按照 1~9 的数字顺序进行逐一寻找，在此推荐后者。

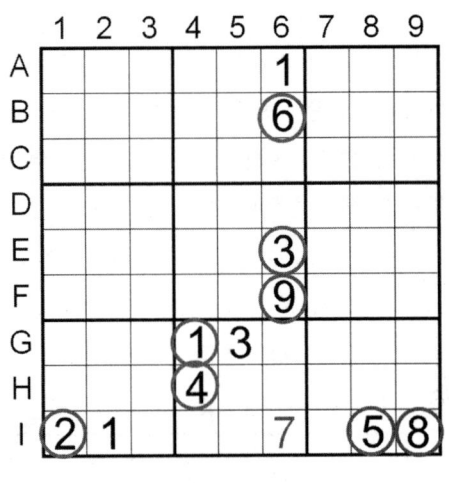

图 3 - 2

二、真题卡点讲解

有了本章对行、列、宫三个区域唯余的学习，我们对唯余法的认识便更加全面了。下面我们通过一道数独真题体会唯余法在实战中的应用，如图 3 - 3 所示。这是一道初始的数独题目，我们采用唯余法入手解题。为寻找唯余位置，我们依旧先从剩余空格较少的行、列或宫进行排查寻找，观察 6 列，目前仅剩下五个空格，缺失数字为 2、3、4、7、9；接着我们在 6 列外寻找有关这五个数的线索，经排查后发现，并没有某一空格对应的行有这五个数的其中四个线索，因此这里使用两区域唯余法是无法解决的。我们便加入"宫"的排查角度，以行+宫结合排查缺失数字。终于，发现 B 行中有数字线索 3、4、9，二宫中有数字线索 7。于是用唯余法，可以得到交叉格 B6 只可能填入数字 2，即 B6 = 2。

	1	2	3	4	5	6	7	8	9
A			4					2	
B	3	9		6	5	2		4	
C				7					3
D				9		8	4	7	
E		1						8	
F		4	7	2		5			
G	2					6			
H		6			9	1		5	2
I		3					6		

图 3 - 3

这里我们也可以从数字 1 ~9 的顺序对 B6 格进行排查，发现其除数字 2 外，剩余数字均可以在其所在行、列或宫的数字线索中找到，因此唯余得到 B6 =2。按照数字顺序进行排查的方式对于已知唯余位置的情况会更加方便，但难以察觉到对哪一格进行唯余排查。因此在纷杂缭乱的数字干扰下，寻找可使用唯余法出数的位置是一大观察难点。

三、例题详解

如图 3 - 4 所示，我们一起来完成一道唯余法的相关例题。我们采用唯余法入手解题，观察仅剩三个空格的 E 行，缺失数字为 3、4、6，而 2 列中恰好有 3 和 4，由此唯余得到 E2 =6（后续我们不再强调具体的唯余原理，希望大家可以熟练掌握）。然后在剩余空格较少的区域难以再找到唯余位置，我们此处需要观察“交叉格”的地方，B5 经行、列、宫的三区唯余，可以得到 B5 =4；这时 E 行剩余的两个空格可以顺势补全。如图 3 - 5 所示。

至此，唯余法已解尽，我们需要用排除法继续解题。由宫内排除易得 F7 =9，H7 =4，G6 =3，G1 =5；进而继续用新出的线索排除得到 C9 =4，F9 =6，G3 =9；对 7 列行列排除可得 I7 =5（此处也可用区块排除法得到）；继续宫内排除可依次得到 G7 =6，I4 =6。如图 3 - 6 所示。

6 7 4 3 2 9 8 1 5

至此，排除法已解决得差不多了，我们回归唯余法解题。三宫内（或 7 列）仅剩余三个空格，我们不妨看看这里有没有唯余位置，经唯余易得 A7 =1；然后观察线索"交叉格"B4，利用三区唯余可得 B4 =1。至此，唯余法又陷入瓶颈，我们转向排除法解题。宫内排除易得一宫、八宫的 1；然后基本排除可以得到 B3 =6，进而得到二宫的 6。宫内排除易得一宫的 3，进而对三宫进行补空。此时 B 行仅剩的两个空格易通过行列排除补全，如图 3-7 所示。

图 3-4

图 3-5

图 3-6

图 3-7

| 6 | 7 | 4 | 3 | 2 | 9 | 8 | 1 | 5 |

二宫仅剩下三个空格，我们考虑对 A6 唯余，可以得到 A6 =5；而 6 列剩余的两个空格可以顺势补全；F 行中仅剩四个空格，对 F2 三区唯余，得到 F2 =2；F 行剩余的三个空格可以通过行列排除依次补全，然后可通过宫内排除补全四宫剩余三个空格。顺势依次补全 1 列、2 列、一宫、五宫。如图 3–8 所示。

	1	2	3	4	5	6	7	8	9
A	2	9	4	3	8	5	1	6	7
B	7	8	6	1	4	9	3	2	5
C	3	5	1			6	8	9	4
D	9	7	3	4	6	8	2		
E	1	6	5	9	3	2	7	4	8
F	4	2	8	5	1	7	9	3	6
G	5	4	9			3	6		
H	6	3					1	4		9
I	8	1		6	9	4	5		

图 3–8

至此，本题已解得差不多了，后续仅需通过基本的排除法即可解决。由行列排除法可以补全 I 行剩余三个空格；顺势补全七宫、九宫的剩余空格，如图 3–9 所示。最后仅需用宫内排除补空，即可全解，如图 3–10 所示。

	1	2	3	4	5	6	7	8	9
A	2	9	4	3	8	5	1	6	7
B	7	8	6	1	4	9	3	2	5
C	3	5	1			6	8	9	4
D	9	7	3	4	6	8	2		
E	1	6	5	9	3	2	7	4	8
F	4	2	8	5	1	7	9	3	6
G	5	4	9			3	6	1	2
H	6	3	7				1	4	8	9
I	8	1	2	6	9	4	5	7	3

图 3–9

图3-10

四、本章总结

本章继续讲解了唯余法的应用,主要针对三区的唯余观察。一般找到某线索"交叉格"后,我们可以按照数字1~9的顺序从行、列、宫中寻找已知数线索,经逐一排除后得到唯一的数字可能。当然,我们在寻找唯余位置时,往往是以"尝试"的心态寻找,而不是笃定某一格可以唯余解出,而在数字线索的交叉格或某区域剩余空格较少的地方会更有可能出现唯余位置,这也是我们经常以"空格少"为入手点的原因。

唯余法在今后的高级技巧学习中尤为重要,学会根据某格所在的行、列、宫排除该格内数字可能性这一步骤是数独水平"阶段性"提升的关键所在。因此请大家多加练习,将观察并排查格内可能性熟练到"炉火纯青"的境界。

这里还需强调一点,在本章讲解中,一般是以唯余法一次性走到"绝路"再换成排除法解题,这只是为了给大家学习唯余法制造更多的机会,而在实际做题中,我们大多是以"唯余"和"排除"结合使用,而并不非要一条路走到"黑"才换另一条。

五、本章练习题

第 11 题　　　用时：_____

4		7						3
	5			2	4			
							6	2
6			8	7				
	9	2	3		1	6	8	
				2	4			5
3	7							
		9	1			5		
5					3			9

第 12 题　　　用时：_____

3			1	5			9	7
1						5		
	5		8		4			
		9				6		2
5								1
6		8				9		
			7		5		2	
		5						6
2	6			4	9			5

第 13 题　　　　用时：________

1				9	8			7
				6	7	1		
	7							
2	8			3				
5	3		6		2		4	8
				1			2	6
							6	
		3	7	8				
8			4	5				2

第 14 题　　　　用时：________

	1				3			
	5	2			1			
6		3			8	5		
	7		8		2	9	5	
	3	6	9		5		2	
		1	3			2		4
			6			7	3	
			2				9	

第15题　　　用时：_____

	3	6		5				
							6	5
	5	2	7	4			9	8
						2		
6		4				7		3
		5						
8		3		7	9	5	2	
9		1						
					3		1	9

第16题　　　用时：_____

	8			2		4		
		7	1	9		6		
5					6			
		9		5	1			
2		5				1		4
				9	7	3		
				2				7
		1		3	7	2		
		3		6			1	

第17题　　　用时：_____

			4			7		
	1			3				
2		3			7	4	9	
	3	5	6		2			4
8			7		5	3	2	
	1	8	2			9		6
			3			1		
		4			1			

第18题　　　用时：_____

					5		7	
8					1			
	5			6	8	9		4
			5				9	
	7	9	4		3	6	2	
	3				2			
5		8	2	3			4	
				8				6
	6		1					

第 19 题　　用时：＿＿＿＿

	6							
	2				9			7
	9		7	4	1	8		
	8	4	2		5			
		1				3		
			8		1	6	2	
	7	5	9	2		8		
4			7			2		
							7	

第 20 题　　用时：＿＿＿＿

				3		5	4	
4		9	5					
5					8		9	
		3	8		1		2	
2								9
	4		2		9	7		
	6		3					5
					5	3		6
	7	5		8				

8   6

7 4   3   2

1   5 9

第四章
组合区块排除法

6 7 4 3 2 9 8 1 5

本章知识点

1. 组合区块的概念；
2. 用组合区块进行排除或连续排除。

学习目标

1. 学会用组合区块排除某数填入某些格的可能性。
2. 能够用组合区块突破卡点，并可以解决中级难度的标准数独题。

在上一册入门教学版图书中，我们讲解了区块排除法的基本原理，那么，请大家一起来复习一下区块排除的具体方法：当以某宫为基准进行排除时，若最终得到某数的可能位置不能唯一确定，且所有的可能位置形成"长条矩形"的区域，那么我们将此区域称为该数字的"区块"；区块内的数字虽不能确定，但可以排除其共同所在的行或列其余空格填入该数的可能性。相信大家对区块排除法已经有所掌握，本章我们将继续对区块进行学习，考虑两组区块的共同作用，组合排除。

一、组合区块排除法示意图

如图 4-1 所示，在本例中，我们可以用行列排除法对 5 列进行排除，易得出 E5=3。但在这里，我们介绍如何用组合区块的方法解决问题。首先，分别对二宫、八宫进行排除，易得出两对 3 的区块：A4、A6 和 I4、I6。如果按照普通的区块排除法，两区块的排除范围应分别为 A 行和 I 行其余空格，但在本例中，这样排除对于解题意义并不大。那这两对区块有什么作用呢？我们先仔细观察一下这两对区块的特点，可以发现，这两对区块均集中在同样的两列：4 列和 6 列。下面我们对可能性进行一一列举：(1) 若 A4 =3，则 I4≠3，即 I6 =3；(2) 若 A6 =3，则 I6≠3，即 I4 =3。不难得到有且仅有以上两种可能。我们发现，无论哪种情况，4 列和 6 列总是分别填入一个 3，换句话说，二宫和八宫的 3 应分别填在 4 列和 6 列，只是对应关系暂不确定，这是不是与"数对"的概念有点类似呢？

这样一来，这两对区块就可以排除 4 列和 6 列中除区块外的剩余空格填入 3 的可能性了，这就是组合区块的核心原理，我们将这两对分布在相同两列的区块称为"组合区块"。因此，五宫内，由组合区块的"双列"排除，可以得到 E5 =3，如图 4-2 所示。

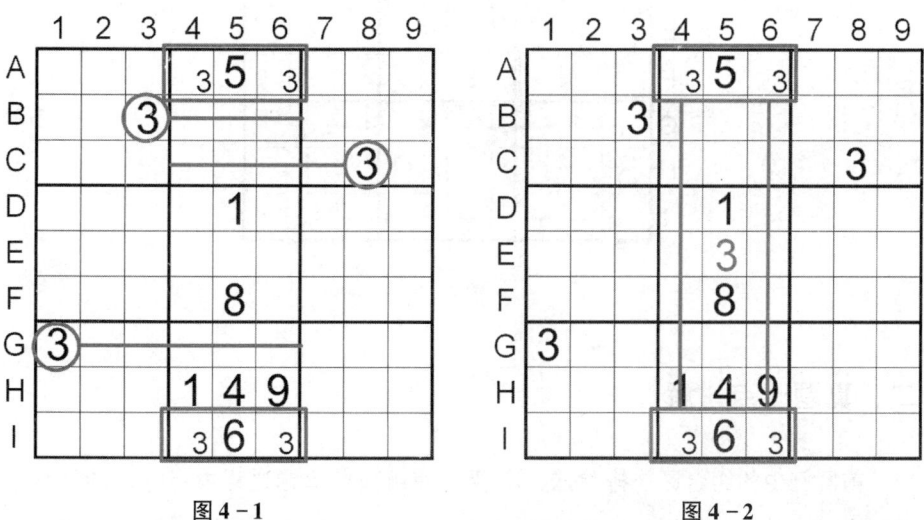

图 4-1　　　　　　　　图 4-2

由本例，我们可以给出组合区块排除法的大致原理：若某两宫中，某数字的区块分布在相同的两行或两列，我们便可以用这两对区块组合排除这两行或两列的其余空格填入该数的可能性。当然要想使两对区块同行或同列，首先选取的两个宫也需要同行或同列才行（比如二宫、八宫）。

刚才的例子中好像用行列排除法会更简便一些，那么是否意味着组合区块排除法都可以由行列排除法简便得到呢？答案当然是否定的，刚才我们只考虑单组区块的排除，若为两组组合区块进行横向纵向分别排除，是无法用行列排除法替代的。我们看图4-3，若只简单地对6列或H行进行行列排除，我们会得到6的三个不可确定的可能位置，于是本题便体现出组合区块排除法的"至高"价值了。我们考虑寻找组合区块，经排除不难得到二宫、五宫的6构成同在4列、5列的组合区块，于是可以排除这两列其他格填入6的可能性。同理，七宫、九宫的6构成同在G行、I行的组合区块，于是可以排除这两行其他格填入6的可能性。这样一来，相当于对八宫"双行双列"排除得到H6=6。

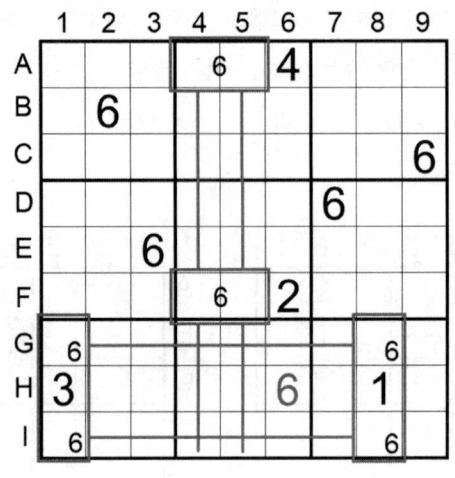

图 4-3

二、真题卡点讲解

前两例中的组合区块排除法，主要是使用我们解题过程中所标注的区块进行组合排除的，而这里的组合区块不仅限于此，下面我们结合一道真题讲解一下"广义"的组合区块排除法。如图4-4所示，本例已经过简单的宫内排除，下面我们试图使用本章所讲的组合区块排除法突破卡点。观察二宫，排除可得填入8的可能位置为A4、C5两格，由于没有构成"长条矩形"，因为单独使用起不到排除作用，我们在实际做题过程中一般不做标注（此处标注只为讲解方便）；同样地，我们观察八宫，经排除数字 8 的可能位置为 G5、H4 和 H5 三格，由于这三格斜向相邻，我们一般也不做标注。但是请大家注意，这两个宫内有关数字 8 的可能性虽不标注为常用区块，但却同样分布在相同的两列：4 列和 5 列，而 4 列和 5 列均不可出现重复的 8，于是二宫和八宫的数字 8 注定分别分布在 4 列和 5 列，只是对应关系暂不确定。得到这个结论后，可以判断出 F4 格一定不能再出现数字 8，所以可以结合唯余法得到 F4 格只可填数字 9。

图 4-4

这里我们虽未标注常用的"长条形"区块，却也通过"广义"的区块达到了组合区块排除的作用。因此，实际上组合区块排除法的"区块"不仅限于区块排除法中的"长条矩形"，只要两宫填入某数的可能位置分布在相同的两行（或两列），就可以构成组合区块的条件。

三、例题详解

下面我们一起来看一道例题，如图 4-5 所示，我们依旧从宫内排除法或唯余法入手解题。由宫内排除可以得到 C4 =2，并依次解出全盘的 4，然后可以得到 B1 =3。至此，宫内排除法和唯余法均陷入"瓶颈"，我们考虑从"区块"的角度攻破本题。五宫经排除可得 8 的区块，由此区块向下排除可得 H4 =8。一宫经排除可得 5 的区块，而二宫中 5 的可填位置为 A5、A6、B5、B6，二宫虽未形成可标注的区块，但其可能位置与一宫中 5 的区块同在 A 行、B 行，其效果相当于“双行”排除 A 行、B 行其余格填入 5 的可能性。因此，经排除，易得 C8 =5，如图 4 –6 所示。

	1	2	3	4	5	6	7	8	9
A	2						8		9
B		8						2	
C	9		7		4	8	3		
D			4	7		1			
E			8				5		
F				6		4	7		
G			3	5	6		9		8
H		5						4	
I	8		2						5

图 4 –5

	1	2	3	4	5	6	7	8	9
A	2	4	5		5	5	8		9
B	3	8			5	5	4	2	
C	9		7	2	4	8	3	5	
D			4	7	8	1			
E			8				5		4
F				6	8	4	7		
G	4		3	5	6		9		8
H		5		8				4	
I	8		2	4					5

图 4 –6

排除易得九宫中 2 的区块，由此区块向左排除得到 G6 =2。至此，题目进入卡点，经排除可得五宫中 5 的区块与 8 的区块重合，构成 5、8 数对，有了数对的占位，排除可得 E5 =2；此时五宫中的剩余两个数可以标注为 3、9 数对。由 3、9 数对向左排除，可以得到四宫中数字 2 和 3 的区块重合，构成 2、3 数对。有了数对的占位，再加上五宫中的 3、9 数对向左排除，可得 F3 =9；继续宫内排除易得 I2 =9；由 F3 的 9 和五宫中的 3、9 数对向右排除，易得 D8 =9。如图 4 –7 所示。

宫内排除可得 F8 =8，由此可解锁五宫中的 5、8 数对。宫内排除易得 D1 =5；六宫中排除易得 3 的区块，由此区块纵向排除可得 I8 =3；七宫中经排除易得 6 的区块，由此区块横向排除可得 I7 =6。至此又进入卡点，我们对六宫进行排除，得到 1 可以填在 E8 或 F9，而三宫的 1 可能填在 A8、B9、C9 三个空格中，我们发现两个宫 1 的区块均分布在 8 列和 9 列，由此双列排除得到 H7 =1；顺势可解锁九宫中 2 的区块。如图 4 –8 所示。

6 7 4 3 2 9 8 1 5

图 4-7

图 4-8

顺势补全九宫和 7 列，继续补全 G 行。由新得到的 D7＝2 解锁四宫中的 2、3 数对，进而解锁六宫中 3 的区块，并顺势补全 D 行、F 行、六宫、8 列。如图 4-9 所示。

由简单的宫内排除对三宫进行补空，然后顺势补全 C 行。宫内排除补全四宫，并顺势解锁七宫 6 的区块，然后补全七宫。宫内排除可得八宫的 1 和 7；顺势向上排除，可依次得到二宫的 7、6、5，进而解锁一宫 5 的区块并补全一宫。宫内排除可补全二宫，进而解锁五宫 3、9 数对，最后补全八宫即可全解。如图 4-10 所示。

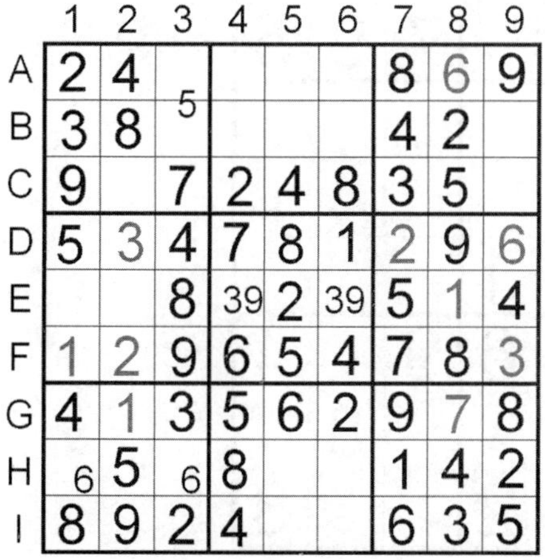

图 4-9

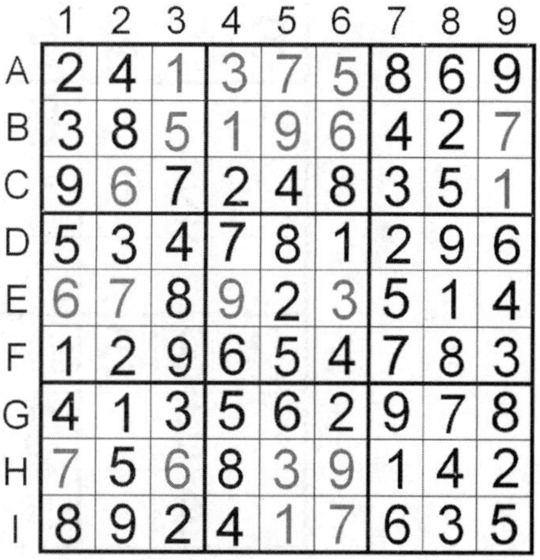

图 4-10

四、本章总结

本章我们在区块排除法的基础上，讲解了运用两对数对的组合，排除其共同所在的行或列的方法。此处的区块不一定非要形成“条状矩形”区域，只要满足某数两宫中的所有可能位置均分布在共同的两行（或两列），即可形成组合区块的条件。因此，我们在实际做题过程中，除自然地标注区块外，还应该对于某数字可能性集中在两行或两列的情况做特殊关注，检查其上下左右宫是否有与之组合的区块。

细心的读者可能会发现，在例题详解中，我们并没有使用行列排除法。这是因为区块排除法 + 组合区块排除法可以完全替代行列排除法，但行列排除法不可以替代组合区块排除法。所谓殊途同归，希望大家在解题过程中善于寻找适合自己的观察角度。

五、本章练习题

第 21 题　　　　用时：________

9			7	6			3	
	7				5		2	
6		4	2			7	9	5
			6	3				
	2						4	
				2	1			
2	3	5			6	9		4
	9		3				8	
	4			9	2			3

第 22 题　　　用时：_____

	5				3	8	4	
1								7
8		3	4			2		
7				2		4		
			9		8			
		8		4				2
		7			2	1		8
5								9
		9	1	8			7	

第 23 题　　　用时：_____

	4	6			3			
7						2	1	5
		5		7	6			3
				2			9	
		4				2		
	1				8			
4					2	5		1
		8	5	4				2
				6			4	8

第 24 题　　　　用时：________

	2	3	5					
	7		1			3	5	8
	5			6				2
							6	9
		8				2		
6	1							
5				7			2	
2	3	7			6		1	
					2	4	8	

第 25 题　　　　用时：________

6		9	4					2
					5	8		
	3	5			6	1		7
	4	2						5
8						4	1	
3		8	9			2	4	
		4	1					
5					4	3		8

第 26 题　　　用时：_____

		5		6		1		
	8		3			7	2	
3	6		2					9
						6	9	
8								3
	4	6						
2					5		6	1
	3	9			2		7	
		4		9		3		

第 27 题　　　用时：_____

		3			5	7		
	5						9	
6				9	7			4
1		5	2		8			
		2				3		
			5		4	8		9
2			4	5				7
	7						6	
		9	7		5			

第 28 题　　　用时：_____

5	3	6				9		4
						3		1
		9	6			3		8
7	4					6		
		2					8	3
2		5			6	8		
1			3					
3			7			1	4	9

第 29 题　　　用时：_____

	6	8		3				
		2	8		9			5
					1		3	2
	9	1					8	
7								1
		8				9	7	
6	2		4					
5			6		2	4		
				5		2	6	

第 30 题　　　用时：________

1			3	5				9
	6						5	
		7			6	1		
		1		3				4
8			5		1			2
5				4		3		
		4	1			6		
	1						3	
9				2	5			1

8
6

7 4   3   2

1   5 9

第五章
数独中级组合技巧

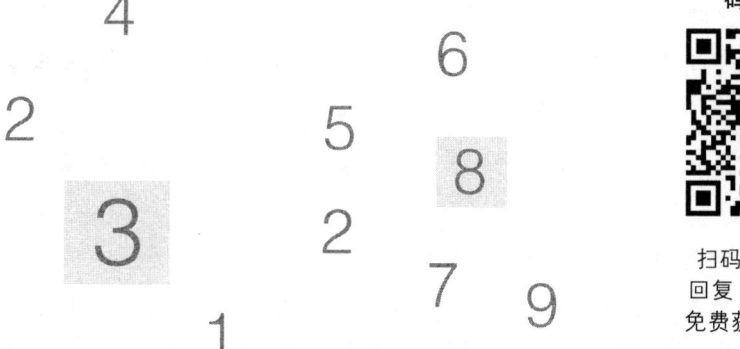

6 7 4 3 2 9 8 1 5

> **本章知识点**

1. 对前面所学的数独中级技巧进行巩固复习；
2. 学习运用2~3个中级技巧的组合解出数字。

> **学习目标**

1. 熟练掌握各种情况下的中级技巧解法，并学会解题的观察方向及入手点；
2. 学会将各个中级技巧结合使用，经2~3步解出数字的情况；
3. 运用2~3个中级技巧结合使用，解决难度稍大的标准数独题。

在前几章中，我们学习了一些常用的突破卡点的解题方法，主要包括唯余法、区块（或组合区块）排除法。那么，我们一起来复习一下各方法的排除原理。

唯余法：不同于排除某数填入某格的可能性的"排除流"，唯余法根据空格数字的初始可填范围1~9的限制条件，根据该空格的行、列、宫的已知数线索对其进行逐一排除，直到该格内只剩下唯一可能的数字为止，则该格便只能填入该数。

区块（或组合区块）排除法：若某数在某宫内的所有可能位置形成"长条矩形"区域，则该区域可以排除区域共同所在的行或列其余空格填入该数的可能性；若某数在两宫内的"区块"均分布在同样的两行或两列，则形成"组合区块"，可以由该组区块排除其共同所在的两行或两列其余格填入该数的可能性。注意这里的“区块”不一定是“长条矩形”的，只要满足所有可能性分布在同样两行或两列即可。

之前大家学习了每一种方法单独使用的解题步骤，实际上，遇到难度系数较高的数独题时，单独使用某种中级技巧可能会“失效”，而若学会将这几种方法组合使用，或许会达到意想不到的解题“奇效”。

一、中级组合技巧示意图

本章的两例我们都给出原示意图的题，希望大家可以在看讲解前先自行尝试一下是否可以填出具体数字。如图 5－1 所示，这里给出的已知数看似很多，但之前所学的初级排除法在这里均不适用。我们考虑能否通过中级技巧的结合解决问题。

如图 5－2 所示，经排除，我们可以自然而然地标注一些区块和数对：由简单的排除易得五宫的 1、7 数对，六宫的 4、6 数对。排除可得一宫中 3 的区块，由此区块向下排除可得四宫中 3 的区块。有了六宫中 4、6 数对的占位，E8、F7 两格将不会再填入其他数字，于是六宫的 3 只可能填在 D7 或 D8，形成新的有关 3 的区块。由四宫和六宫 3 的区块分别横向排除，再加上五宫中 1、7 数对的占位，终于可以解出一个数字：E6 =3。本例主要讲解了数对占位和区块排除的结合使用，图中运用了两次数对占位和三次区块排除填出一个数字，这便是各技巧组合使用的“魔力”所在。

	1	2	3	4	5	6	7	8	9
A									3
B	2		5			7			4
C	6		9						
D	4		7		6				1
E	8		2				9		
F		1						7	
G									
H						1			
I									6

图 5－1

	1	2	3	4	5	6	7	8	9
A									3
B	2	3	5			7			4
C	6		9						
D	4		7		6			3	1
E	8		2	1	7	3	9	46	
F	3	1	3				46	7	
G									
H						1			
I									6

图 5－2

刚才的例子是否难倒了大家呢？那么这道例题又是一个挑战自我的好机会，如图 5-3 所示。请大家经独立思考后，阅读下面的讲解。本例中经基本的排除法和唯余法都难以入手，那么我们依旧将数对和区块自然标注出来：经排除易得三宫中的 4、6 数对和七宫中 7 的区块，如图 5-4 所示。

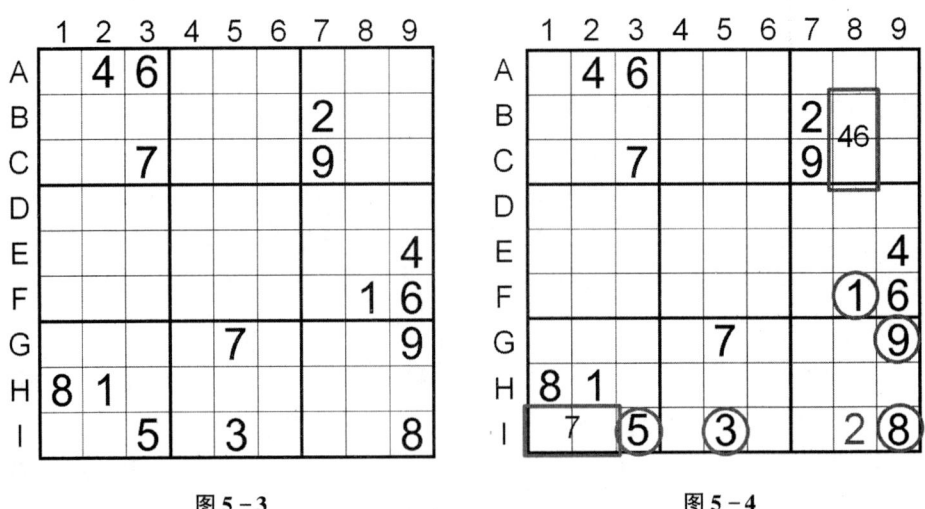

图 5-3　　　　　　　　图 5-4

这样一来，有了数对和区块对相关行和列的排除下，我们再观察 I8 格，这时发现，I8 格可以通过唯余解出了，I8 = 2。这便是借助区块和数对排除的唯余解法，即"区块 + 数对 + 唯余"的技巧组合。这里的 4、6 区块并未起到"占位"作用，而是进行排除使用。这一例看似比第一道例题步骤简单一些，但实际上在观察难度上是高于第一道例题的。前例中不必刻意去注意组合技巧，而是在自然标注的过程中一步步冲破"迷雾"，见得"阳光"；但本例中，虽只借助了一个区块和一个数对，但对于最终的唯余位置 I8 的观察还是有一定难度的，尤其是在真题中有很多"无用"标注的干扰下。

二、真题卡点讲解

下面我们来看一道真题，如图 5-5 所示。本题已经用过基本的排除法，至此需要用到中级技巧的组合突破卡点。首先我们对四宫进行排除，发现数字 6 和 8 均只可能填在 D1 和 F2，由此"隔空"形成了 6、8 数对。由于此数对的占

6 7 4 3 2 9 8 1 5

位作用，D1、F2 两格不再有填入其余数字的可能性。此时再对四宫进行排除，可以得到 9 的区块：E1 和 E2。由此区块横向排除，可以得到六宫的 9，即 D8 = 9。

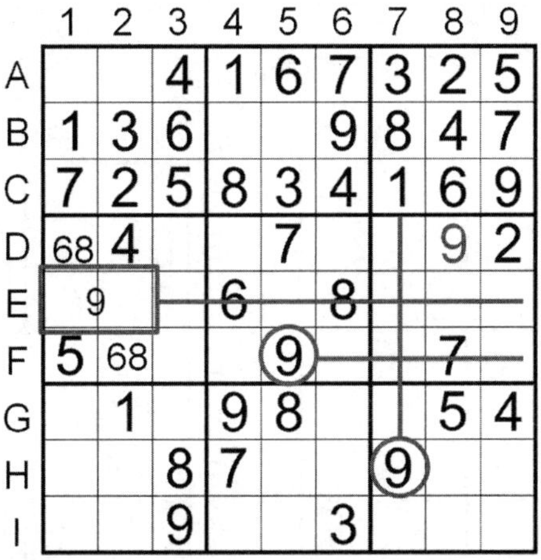

	1	2	3	4	5	6	7	8	9
A			4	1	6	7	3	2	5
B	1	3	6			9	8	4	7
C	7	2	5	8	3	4	1	6	9
D	68	4			7			9	2
E		9		6		8			
F	5	68				⑨		7	
G		1		9	8			5	4
H			8	7		⑨			
I			9		3				

图 5-5

本例结合了数对占位和区块排除的双重技巧。在繁杂的已知数线索中，有时不易找到我们"想要"的数对或区块，我们不妨对找到的线索做自然标注，在后续解题的过程中说不定会提供帮助。

三、例题详解

下面请大家运用各种中级技巧的组合，试完成下面一道例题，如图 5-6 所示。本题我们依旧采用基本的排除法或唯余法入手解题，用唯余法可以依次得到 C6 = 7，B6 = 8，A6 = 9；宫内排除可以得到 I6 = 5，E2 = 9，E4 = 8；对 2 列进行行列排除可以依次得到 H2 = 7，I2 = 8；继续宫内排除可以得到 E6 = 6，随即补全 6 列；此时对 G 行进行行列排除可得 G4 = 6；再对 4 列进行行列排除可得 A4 = 1。如图 5-7 所示。

至此进入卡点，基本的排除法和唯余法难以继续解题，此处我们考虑中级技巧的组合解出结果。先通过排除可以得到三宫 2 的区块：A7、A9，对其进行自然标注。然后由此区块再加上其余已知数线索的限制，唯余得到 A2 = 3，如图 5-8 所示。这里用到了区块+唯余的技巧进行解题，也是本章重点讲解的两种组合之一。

至此，卡点已解除，我们回归基本技巧。对 2 列进行行列排除可依次解出剩余空格；然后宫内排除可全解一宫，进而依次补全二宫、C 行剩余空格；宫内排除可解出全盘的 6。如图 5－9 所示。

	1	2	3	4	5	6	7	8	9
A			7		5				
B	9			2					
C	8				6		9		1
D		4		7		3		6	
E									
F		6		5		4		2	
G	5		9		8				7
H						1			5
I					7		6		

图 5－6

	1	2	3	4	5	6	7	8	9
A			7	1	5	9			
B	9			2		8			
C	8				6	7	9		1
D		4		7		3		6	
E		9		8		6			
F		6		5		4		2	
G	5		9	6	8	2			7
H		7				1			5
I		8			7	5	6		

图 5－7

	1	2	3	4	5	6	7	8	9
A		3	7	1	5	9	2		2
B	9			2		8			
C	8				6	7	9		1
D		4		7		3		6	
E		9		8		6			
F		6		5		4		2	
G	5		9	6	8	2			7
H		7				1			5
I		8			7	5	6		

图 5－8

	1	2	3	4	5	6	7	8	9
A	6	3	7	1	5	9	2		2
B	9	5	1	2	4	8			6
C	8	2	4	3	6	7	9	5	1
D		4		7		3		6	
E		9		8		6			
F		6		5		4		2	
G	5	1	9	6	8	2			7
H		7	6			1			5
I		8			7	5	6		

图 5－9

继续宫内排除可得 H5＝3，I8＝1；此时对 8 列进行行列排除可得 H8＝9，由此可顺势补全八宫剩余空格；宫内排除可依次得到九宫中 H7＝8，I9＝2；随即解锁三宫中 2 的区块，并通过排除补全七宫。如图 5－10 所示。

	1	2	3	4	5	6	7	8	9
A	6	3	7	1	5	9	2		
B	9	5	1	2	4	8			6
C	8	2	4	3	6	7	9	5	1
D		4		7		3		6	
E		9		8		6			
F		6		5		4		2	
G	5	1	9	6	8	2			7
H	2	7	6	4	3	1	8	9	5
I	4	8	3	9	7	5	6	1	2

图 5 - 10

至此，本题已进入收尾状态，后续仅通过基本的排除法即可解决，在此不再赘述。答案如图 5 - 11 所示。

	1	2	3	4	5	6	7	8	9
A	6	3	7	1	5	9	2	8	4
B	9	5	1	2	4	8	3	7	6
C	8	2	4	3	6	7	9	5	1
D	1	4	2	7	9	3	5	6	8
E	7	9	5	8	2	6	1	4	3
F	3	6	8	5	1	4	7	2	9
G	5	1	9	6	8	2	4	3	7
H	2	7	6	4	3	1	8	9	5
I	4	8	3	9	7	5	6	1	2

图 5 - 11

四、本章总结

本章我们将前面所学的中级技巧进行组合性运用。主要针对数对和区块、区块和唯余两种技巧的组合。实际上，在我们日常做题过程中，经常是对已得到的区块、数对做自然性标注，然后连续将得到的线索一一排查并标注，在一步一步的推导中，也许没有刻意用到技巧的组合，却能够将得到的线索连续穿插起来，无形中做到了我们所讲的“技巧的组合”！

五、本章练习题

第 31 题　　　　用时：＿＿＿＿

8						9		4
				1	6			
			9			6		7
		7		4			2	
	6		2		9		3	
	9			8		4		
6		8			3			
			1	2				
2		4						5

第 32 题　　　　用时：＿＿＿＿

			5	4				
1	4	6						
				6		9		2
2		3						
	5		1		4		3	
						7		6
7		9		2				
						4	2	3
				8	6			

第 33 题　　　　用时：________

7			3					2
			6			9		
	4	5		9		7		
			1		9		7	5
		7				3		
6	5		7		4			
		9		7		8	2	
		2			6			
3					1			7

第 34 题　　　　用时：________

8		6				7		
			5	3				
	1					5		8
	4				7	9		1
			8		9			
5		9	6				2	
2		1					4	
				8	4			
		5				1		7

第35题　　用时：_____

7	3	5						
				9			3	
		9		2			5	
			1		9			2
4								7
8				3		7		
	1				6	2		
	6				4			
						9	8	6

第36题　　用时：_____

8	9	4					5	
				5	4			7
		5						1
			5		1			4
	1					9		
9				8	3			
4						6		
3				9	6			
		6				5	2	9

第 37 题　　　用时：＿＿＿＿

			8	2		1		
	2			3		5		
9	3		6				4	
							7	1
1	9						3	4
4		3						
	2				3		6	7
		9		8		3		
		6		7	5			

第 38 题　　　用时：＿＿＿＿

3						2	6	
				7	8			
4		9		5				
	8				4		2	6
			5		7			
7	2		8				1	
				6		1		2
			7	8				
	5	6						3

第 39 题　　　　用时：________

5	8				7			
4						3		
		6			9		2	
				9		8		4
			7		5			
6		4		1				
	5		1			6		
		2						8
			5				9	7

第 40 题　　　　用时：________

	5		1		9	7		
7		8		5				
	6							5
5			4		1			8
	3						2	
1			3		7			6
3							6	
				3		2		4
		2	9		5		3	

第六章
阶段测试

练习A　标准数独4题

（限时：40分钟）

第A1题　用时：_____

	9		4	2				
		8				5		
	2	3				4		6
2				7			4	
1			3		9			8
	9			2				3
5		7				6	9	
		2			4			
			5	6		8		

第A2题　用时：_____

4	1				3		6	
7		8						5
	5			8	2			
			2			1		6
				1		4		
2		6			7			
			1	9		5		
5						6		1
	8		5				2	9

第 A3 题　　　　用时：＿＿＿＿

	4		8		3		2	
2		6						9
					6		1	
5		4		6				2
			4		2			
7				1		4		3
	5		6					
6						9		8
	8		5		7		6	

第 A4 题　　　　用时：＿＿＿＿

			6	9			5	
3		1				8		
	9				3		7	
		6		4				3
2			8		5			4
4				7		9		
	8		9				3	
		2				6		7
	6				1	4		

练习B　标准数独6题

（限时：60分钟）

第 B1 题　　　　用时：________

			2	1	4		9	
7						5		
	9				8			
5		7		3				2
1			4		5			6
6				7		1		5
			9				6	
		8						1
	6		1	8	2			

第 B2 题　　　　用时：________

	3						2	
5		1				4		7
	2		8		5		1	
1				6				9
			5		4			
6				3				5
	4		6		3		5	
3		9				2		4
	1						6	

第 B3 题   用时：＿＿＿＿

			3					
	2	1		5	8			
	9	3		4		7	6	
	5						4	
9		1				5		8
	6						1	
	3	9		5		4	2	
		5	3		6	9		
				9				

第 B4 题   用时：＿＿＿＿

	2			5	8			
		5						1
	8		9	1				
3					5	7		9
6			8		3			4
5		7	6					3
				4	9		5	
8						4		
			7	8			9	

第 B5 题   用时：_____

	6			8		1		
	7		4		5			9
							2	8
			6		1		8	
5		2				4		6
	8		5		2			
7		3						
1			9		7		2	
		4		5			1	

第 B6 题   用时：_____

	6		2		8		3	
7				1				5
		9				8		
8			5		7			4
	4						7	
5				6		3		9
		4				6		
2				7				3
	1		9		5		4	

第七章
宫内数组占位法

"码"上听课

扫码关注公众号
回复"数独进阶"
免费获取配套课程

6 7 4 3 2 9 8 1 5

> **本章知识点**
>
> 1. 数组的概念；
> 2. 利用宫内的数组占位排除解出唯一位置的原理及方法。
>
> **学习目标**
>
> 1. 学会如何通过排除得到数组；
> 2. 学会数组占位法的原理，并能够解决高级难度的标准数独题。

在上一册入门教学版图书中，我们学习了数对占位法的相关排除原理，所谓"数对"仅限于两格中确定填入某两个数，但位置不确定的情况。本章我们将对数对占位法进行举一反三，由"二维"占位延伸到"多维"占位，即三个（或三个以上）空格与三个（或三个以上）数字对应但不能确定具体位置，即"数组"的引入。若在某宫内进行排除，某三个数的可能位置均少于或等于三个格，且这三个数的可能位置包含于同样的三个空格，则这三格区域便构成了"三维"数组。当然，"多维"数组概念类似，总而言之就是 n 个空格对应于 n 个数，虽不确定数组内相对位置，但却起到了占位的作用。

一、宫内数组占位法示意图

如图 7-1 所示，我们观察到由所给出的已知数用之前所讲到的方法均难以入手，此处我们可以考虑从"占位"的角度解决问题。观察四宫，经排除虽不能直接出数，但却发现，数字1、3、7的可能性均分布在D1、D2、E1三格，且只在这三格，说明这三格每个格对应一个数字，只不过目前的对应关系暂不确定。但无论如何对应，均排除了这三格填入其他数的可能性（此处如果还不够清楚，大家可以通过穷举的方式，列出这三格填数的所有可能性），自然也排除了填入8的可能性；再加上F8=8的排除，容易得到四宫中的8只可能填在E3，即E3=8。

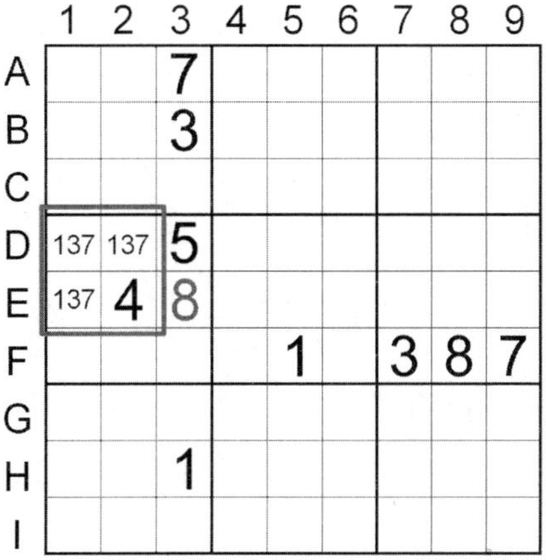

图 7-1

数组占位法原理与数对占位法类似，都是多格对应于多数，且格数等于数字数，以此起到占位的作用。需要说明的是，我们在解题过程中，某个数不形成"长条矩形"区域的可能性一般是不做标注的，这样的话，就需要大家时刻留意数组的出现，若在排除的过程中，有不止一个数字填在相同的区域，很可能就是数组的集中位置。

下面我们看一个"多维"数组的例子，如图7-2所示。我们观察到，经简单排除，六宫的2可以填在D8、E8；6和8均可以填在D8、D9、E8、E9四格；7可以填在D9、E9两格。虽然这四个数的可能性区域并不完全相同，但是，这四个数字的所有可能区域均包含在D8、D9、E8、E9这四格内，因此这四个数也可以形成"四维"数组（这里大家如果还不够清晰，可以列举出所有的可能性，此处我们就不赘述了）。因此，D8、D9、E8、E9对应于2、6、7、8这四个数，数组占位限制了这四格填入其他数字的可能性。这样一来，有了数组的隔绝，F7、F8 两格只可能填入数字 3 和 4，经排除容易解出 F7 =3，F8 =4。

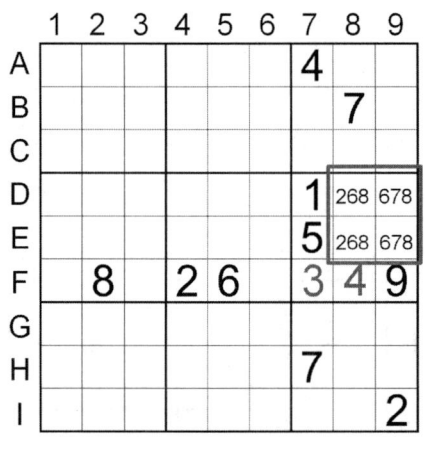

	1	2	3	4	5	6	7	8	9
A							4		
B								7	
C									
D							1	268	678
E							5	268	678
F		8		2	6		3	4	9
G									
H							7		
I									2

图 7 - 2

此例可以说明，形成数组不一定非要每一个数字的可能区域完全“重合”，允许某些数字的可能小于最终数组区域的空格数，比如本例中的数字 2 和数字 7 的可能区域。但可能区域可少不可多，若某数字的可能区域空格数已经多于数组维数，那么该数组便不能再称作数组了，自然也起不到任何“占位”作用。

二、真题卡点讲解

下面我们在实战中体会数组占位法的占位“神效”，如图 7 - 3 所示。本题已经过基本的排除法和唯余法解题，至此遇到卡点。我们观察六宫，经排除可以得到六宫中的三维数组：六宫的 1 和 4 可以填在 D9、E9、F9，数字 7 可以填在 D9 和 E9，这三个数的可能区域完全包含于 D9、E9、F9 三格，因此可形成 1、4、7 三维数组。有了数组的占位作用，这三格便排除了填入其他数字的可能性。这样一来，我们再对六宫进行排除可以得到 8 的区块，然后沿此区块向上排除，易得 A9 =8。

	1	2	3	4	5	6	7	8	9
A	3	1	6				7		8
B	4	8	9			5	6	1	
C	5	2	7	1				4	9
D		5	2				6		147
E		6					8		147
F		7		6			2		14
G	6	4	1		8		7		
H		3	8	4				1	
I		9	5				4	8	6

图 7 - 3

数组的占位将宫内的空格分为两个互不相干的区域，即数组区域和数组以外区域。于是我们便可以由宫内排除继续缩小范围，对两个区域内部分别进行排除即可。通过占位"分割"区域，使得观察难度下降，数字可能范围进一步得到排除。

三、例题详解

下面请大家一起完成下面这道例题，如图 7 - 4 所示。这道题的难度系数相对较高，只有 24 个已知数，需用到较高级别的解法才可以攻破。首先，我们依旧以宫内排除法入手解题，对二宫排除可得 A6 =4，对九宫排除得到 I7 =1，对三宫排除可得 C9 =6，对一宫排除可得 A3 =5，对八宫排除可得 I4 =2；接下来对 6 列进行行列排除可得 D6 =9。如图 7 - 5 所示。

至此，基本排除法的线索已用尽，而唯余法也无从下手。我们试着寻找本章所学的数组，观察七宫，经过排除可以得到数字 3、6、9 的可能位置均为 H1、H2、I2 三格，由此形成 3、6、9 数组；有了数组的占位作用，这三格将不再有填入其余数字的可能性，于是再次对七宫进行排除，易得 I3 =8。如图 7 - 6 所示，这也是本章所学的核心内容。

此时卡点已解决，我们可以继续使用基本解法解题了。此处我们可以使用唯余法，观察 3 列，缺失数字为 1、2、7，而 D 行恰有数字 1 和 2，于是唯余得到交叉格 D3 =7；观察 E2 格，同理，唯余法得到 E2 =2；继续观察 E 行，仅剩下四个空格，唯余易得 E1 =1；下面对 4 列进行行列排除，易得 F4 =7，五宫剩余的三个空格可以通过宫内排除依次补全。如图 7 –7 所示。

	1	2	3	4	5	6	7	8	9
A									1
B			6			2			
C		1	3		8	7			
D					2		4	1	
E			4	3		8	6		
F		5	9		4				
G				8	9		3	6	
H				4			8		
I	5								

图 7 –4

	1	2	3	4	5	6	7	8	9
A			5			4			1
B			6			2			
C		1	3		8	7			6
D					2	9	4	1	
E			4	3		8	6		
F		5	9		4				
G				8	9		3	6	
H				4			8		
I	5			2			1		

图 7 –5

	1	2	3	4	5	6	7	8	9
A			5			4			1
B			6			2			
C		1	3		8	7			6
D					2	9	4	1	
E			4	3		8	6		
F		5	9		4				
G				8	9		3	6	
H	369	369		4			8		
I	5	369	8	2			1		

图 7 –6

	1	2	3	4	5	6	7	8	9
A			5			4			1
B			6			2			
C		1	3		8	7			6
D			7	6	2	9	4	1	
E	1	2	4	3	5	8	6		
F		5	9	7	4	1			
G				8	9		3	6	
H	369	369		4			8		
I	5	369	8	2			1		

图 7 –7

宫内排除可解出四宫、二宫的 6；由宫内排除可全解二宫；继续观察六宫，排除可得 D9 =5；顺势排除可依次解出全盘的 5。如图 7 –8 所示。

对 7 列进行行列排除可解出剩余空格。宫内排除可得 A8 =3，顺势向下排除可得 F9 =3；随即补全 F 行，再由新填出的 F8 =8 向上排除易得 B9 =8；随即可补全三宫剩余的两个空格，顺势补全 C 行。如图 7-9 所示。

图 7-8

图 7-9

由新填出的 C1 =4 顺势向下排除，再加上七宫内数组的占位，可以得到 G2 =4；继续对七宫排除易得 G1 =7。顺势向上排除可得 B2 =7，随即补全 B 行。此时，有了 1 列中 6 和 9 的限制，七宫数组中可以唯余解得 H1 =3，于是原七宫中的 3、6、9 数组退化为 6、9 数对，如图 7-10 所示。

最后宫内排除可得八宫的 3，随即补全 6 列剩余的一个空格，H6 =6；有了新填出的 6，便可以完全解锁起初七宫中的 3、6、9 数组了，即解锁图 7-10 中的 6、9 数对。如图 7-11 所示。

图 7-10

图 7-11

本题后面的解题过程便十分轻松了，仅需通过基本的排除法就可以解出全盘。如图7-12所示，在此不再赘述。

	1	2	3	4	5	6	7	8	9
A	2	8	5	9	6	4	7	3	1
B	9	7	6	1	3	2	5	4	8
C	4	1	3	5	8	7	9	2	6
D	8	3	7	6	2	9	4	1	5
E	1	2	4	3	5	8	6	7	9
F	6	5	9	7	4	1	2	8	3
G	7	4	1	8	9	5	3	6	2
H	3	9	2	4	1	6	8	5	7
I	5	6	8	2	7	3	1	9	4

图 7-12

四、本章总结

本章我们由原先的数对占位法过渡到数组占位法，原理类似，只是数字维度增加，从而提升了观察的难度。若同一宫中，某三个数（或多个数，后面我们仅以三个数举例说明）的所有可能位置均包含在相同的三格中（或多格中，格数与数字维度一致），单独某数的可能区域可以少于三格，由此便形成了"数组"，存在数字与空格之间的对应关系，只不过具体位置暂不明确。但有了数组的占位，便将原宫中的空格分割成两个互不相干的区域，我们后续只需对两个区域进行分别排除即可，从而简化了排除范围。

有关数组的占位，我们可以这样理解：每一个空格必须填入一个数字，而每一个数字也必须填入一个空格内，我们将这两句话作为数组占位的前提条件。这样一来，三个数填在共同的三个区域，且不能重复填入，只可能一个格填一个数。如此便起到了"占位"的作用，排除了其他数填入该区域的可能性。

五、本章练习题

第 41 题　　用时：_____

			1	8				
	7				4		3	
		9	7					
7		3	8				9	
5								1
	6				2	7		3
					6	5		
	2		9				4	
				7	3			

第 42 题　　用时：_____

5	7			9			4	
6					1			3
		8	7					
		1					8	
3								7
	9					1		
					9	2		
7				3				9
	2			5			1	4

第 43 题   用时：＿＿＿＿

					6			1
	9		2					
3	7	1	8					
	1							7
	9	4				3	6	
3						8		
			3	5	6	2		
				9		7		
2			4					

第 44 题   用时：＿＿＿＿

						9	6	
	1		7	3				8
				2		1		7
							7	
	5	7				4	2	
	8							
2		1		3				
9			2	5			4	
	6	5						

第45题　　用时：_____

	8							
6		5		3	4			
	4				6	1		
			6			2	5	
	7						4	
	5	8			3			
		9	7				3	
			2	5		7		9
							2	

第46题　　用时：_____

	1							
		3		4	5			
9		5				8		
	9	4	7			3		
			8		6			
	5			4		7	2	
	7				5			1
		6	7		8			
					3			

第47题　　　用时：_____

			8	5		7		
			9					
			1		3			4
7	1	5				8		
8								9
		3				5	6	1
6			7		5			
					4			
		4		3	1			

第48题　　　用时：_____

			4		8			5
				7				
		9	1	3				
5		8						7
	7	4				9	3	
9						1		6
				1	5	7		
				2				
7			8		6			

第 49 题　　　　用时：________

3			1	9			4	
								5
					8	7		
1			2		3	6		
4								3
		9	8		4			1
		4	5					
7								
	8			4	7			6

第 50 题　　　　用时：________

		3				4		
		7					3	
1	2	9	6					7
		2		7				
			5		6			
				8		2		
2					3	6	4	9
	8					5		
		1				3		

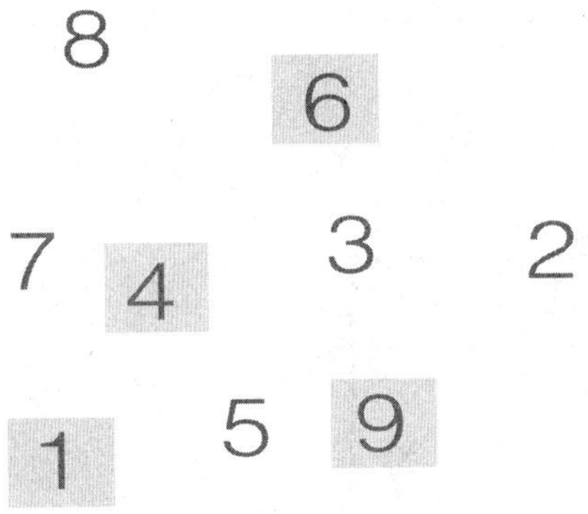

```
    8
        6
7   4   3   2

    1   5   9
```

第八章
行列数对占位法

"码"上听课

扫码关注公众号
回复"数独进阶"
免费获取配套课程

6 7 4 3 2 9 8 1 5

本章知识点

1. 将数对的概念引申到行列中，学习通过行列排除得到数对的方法；
2. 介绍数对在行、列、宫中的占位作用。

学习目标

1. 理解并熟练掌握通过排除解出行列中的数对的步骤；
2. 学会分析数对在所在区域中的占位作用；
3. 可以解决高级难度的标准数独题。

在前面的内容中，我们集中讲解了数对占位法和数组占位法，但前面的介绍仅限于宫内数对和宫内数组。实际上，占位法不仅限于宫内区域，在行列中依旧适用。类比于宫内数对占位法，行列数对占位法是通过行列排除，得到某两数的所有可能位置集中在同一行（列）两格中，则这两格便构成行（列）数对，由此排除了这两格填入其余数字的可能性；同时也排除了该行或该列中其余空格填入这两个数的可能性，即分割成两个互不相干的区域。我们在实际应用中，前者排除用到的更多，因为我们本来就是通过排除其余格填入这两个数的可能性才得到行列数对的。

一、行列数对占位法示意图

如图 8-1 所示，观察 F 行，经行列排除不难得到 F 行中的数字 3 和 9 均只可能填在 F7、F9。那么这里我们将可能性一一列举进行分析：若 F7 =3，则 F9 =9；若 F7 =9，则 F9 =3。我们发现，无论是哪种情况，F7、F9 两格均只能填入 3 或 9 其中一个数字，这样便形成了基于行列的数对，由此排除了 F7、F9 填入除 3 和 9 外的其余数字的可能性。进而重新对 F 行进行行列排除，容易得到 F1 =5，如图 8-2 所示。

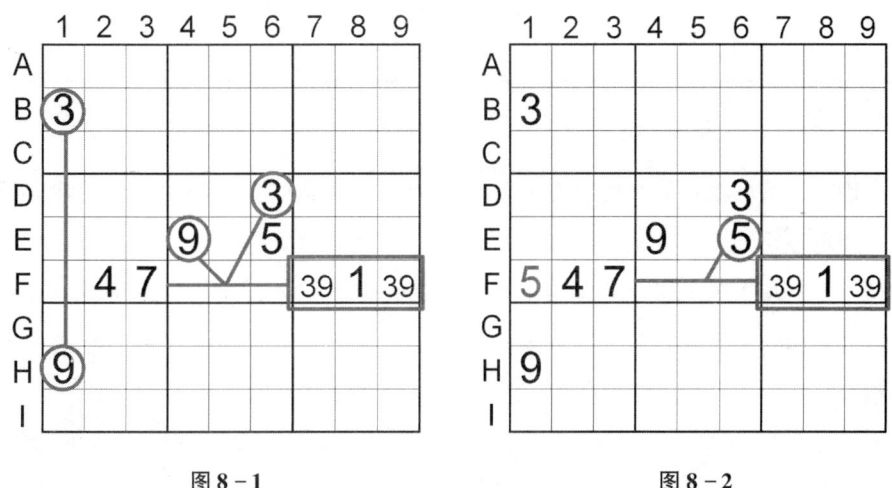

图 8-1   图 8-2

此过程是不是感到很熟悉呢？与宫内数对排除法如出一辙，只不过是通过行列排除得到数对的。相信大家在解本例中收获了解题的自信心！

如果前面的例子使你开始"骄傲"，那你就大错特错啦！行列数对的应用不止于此。首先，行列数对的位置不一定会在同一宫中，也不一定相邻，这便使观察难度大大提升；另一方面，之前我们学习的宫内数对也可以在行列中进行占位（详见上一册入门教学版图书第 12 章示意图），这里的行列数对当然也可以对宫内空格进行占位排除。如图 8-3 所示，我们对 A 行进行行列排除，可以得到 1、2 数对：A1、A8，有了数对的占位作用，则 A1、A8 两格不再有填入其他数字的可能性。然后我们由行列数对的占位反向对三宫进行排除，容易得到

B8 =6，如图 8 - 4 所示。可见这里的宫内排除有效地使用了行列数对的占位作用。

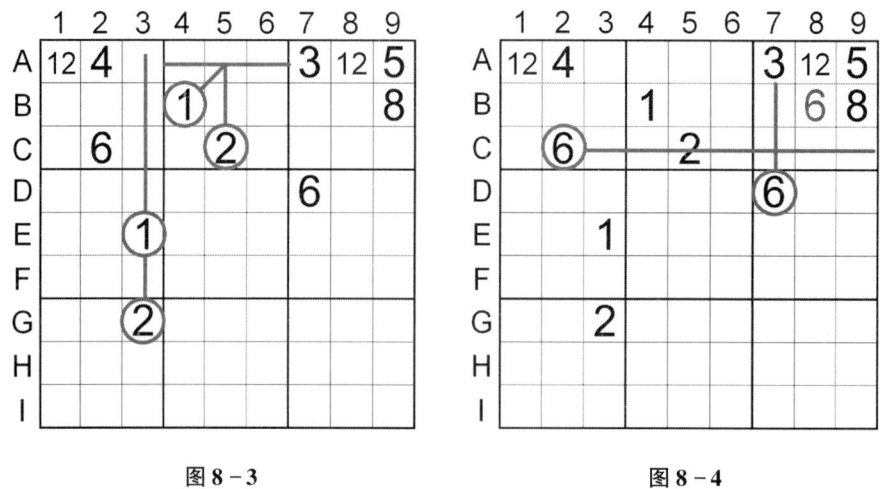

图 8 - 3　　　　　　　　　　图 8 - 4

因此，我们由行列排除得到具体的数对后，对数对进行标注，然后我们便可以脱离该行或该列的限制，在全盘中的任何区域单元进行排除时，数对格均满足不再有填入其他数字可能性的条件。另外在本例中，A1、A8"相隔甚远"的数对看似容易理解，但在实际解题过程中，由于真题的数字干扰，我们很难观察出来。

二、真题卡点解析

我们来看一道真题，如图 8 - 5 所示。本题已经使用过基本的排除法和唯余法，至此陷入瓶颈，我们试图用行列数对占位法攻破卡点。首先，经排除易得三宫中 4 的区块：A7、A8，再由此区块结合行列排除法对 5 列进行排除，可以得到 5 列中的 3、4 数对分布在 B5、E5 格。有了此数对的占位，B5 和 E5 两格便不再有填入其余数字的可能。当我们得到 5 列中的数对时，第一反应是观察 5 列中的其余空格，看是否能够填出数字，但遗憾的是本例并不能得出有价值的数字线索。于是我们考虑数对格所在的行和宫，看是否有通过占位排除后而唯一确定的数字位置。

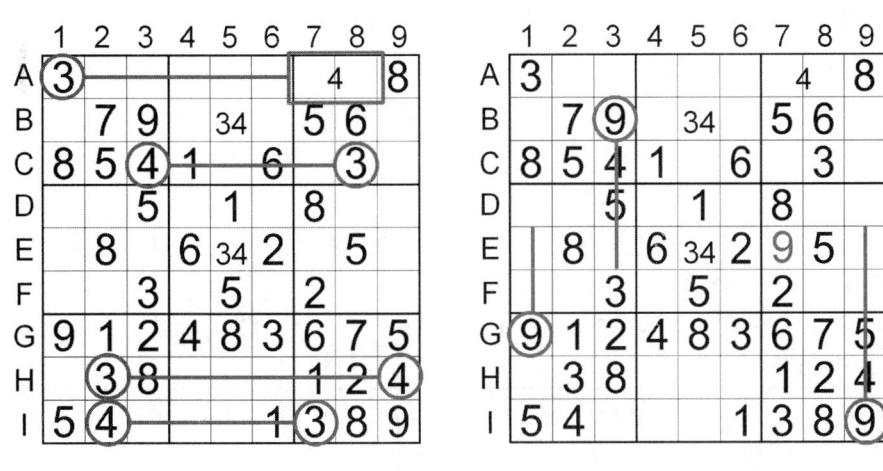

图 8-5   图 8-6

观察 E 行，经行列排除和 E5 格的数对占位后，数字 9 便只能填在 E7 格，即 E7 =9。由此便通过 5 列的数对占位而排除了其填入其他数字的可能性，这也是行列数对占位法的"多视角"排除功能。

三、例题详解

下面我们一起来完成一道典型的题目，如图 8-7 所示。我们依旧采取"老三样"进行入手解题——宫内排除法、行列排除法、唯余法。对 1 列进行行列排除可得 E1 =4，然后对 9 列进行行列排除可依次得到 C9 =9，D9 =4，此时 9 列剩余的三个空格可以通过行列排除依次补全。接下来对 4 列进行行列排除，可得 E4 =9；宫内排除可得 I2 =2；然后排除可依次得到七宫、八宫的 4。接下来宫内排除可依次得到四宫、七宫、八宫、五宫的 6，随即行列排除可补全 H 行剩余两个空格，如图 8-8 所示。

至此进入卡点，我们尝试寻找行列数对进行占位排除。观察 3 列，经排除，可以得到 3 列中的 5、8 数对分布在 C3、F3 格；沿着数对两格所在的行、列、宫方向进行观察，看是否能找到某数的唯一确定位置。经排除和数对的占位可以得到四宫的 9，即 F1 =9，如图 8-9 所示。这便是行列数对占位法的应用，也是本章的核心内容。

继续回归基本排除法，由行列排除可以补全1列剩余的两个空格；宫内排除可得D2 =3；顺势向右排除可解出五宫的3；继续对五宫进行宫内排除，可得F6 =7；接着对6列进行行列排除可补全剩余三个空格。如图8－10所示。

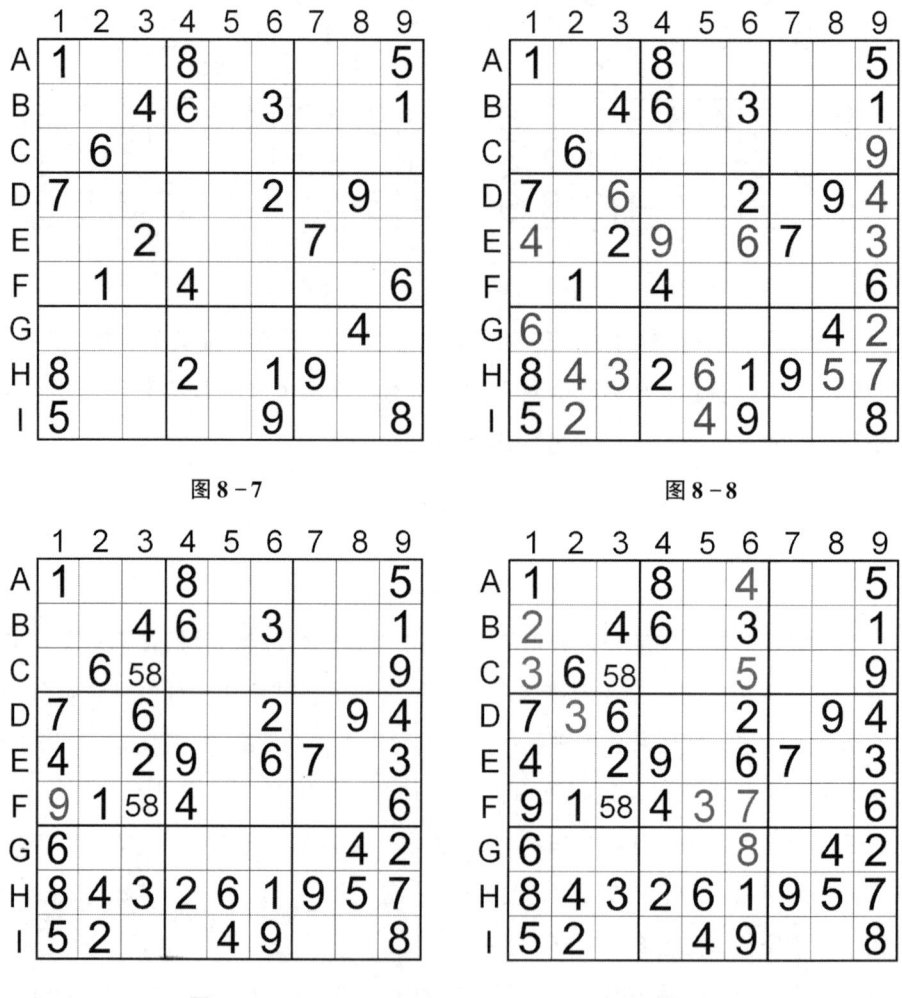

	1	2	3	4	5	6	7	8	9
A	1			8					5
B			4	6		3			1
C		6							
D	7					2		9	
E			2				7		
F		1		4					6
G								4	
H	8			2		1	9		
I	5					9			8

图8－7

	1	2	3	4	5	6	7	8	9
A	1			8					5
B			4	6		3			1
C		6							9
D	7		6			2		9	4
E	4		2	9		6	7		3
F		1		4					6
G	6							4	2
H	8	4	3	2	6	1	9	5	7
I	5	2			4	9			8

图8－8

	1	2	3	4	5	6	7	8	9
A	1			8					5
B			4	6		3			1
C		6	58						9
D	7		6			2		9	4
E	4		2	9		6	7		3
F	9	1	58	4					6
G	6							4	2
H	8	4	3	2	6	1	9	5	7
I	5	2			4	9			8

图8－9

	1	2	3	4	5	6	7	8	9
A	1			8		4			5
B	2		4	6		3			1
C	3	6	58			5			9
D	7	3	6			2		9	4
E	4		2	9		6	7		3
F	9	1	58	4	3	7			6
G	6					8		4	2
H	8	4	3	2	6	1	9	5	7
I	5	2			4	9			8

图8－10

有了C6 =5，即可解锁3列中的数对了：C3 =8，F3 =5；随即补全四宫剩余空格；接着通过行列排除法补全E行剩余空格；顺势补全五宫剩余空格；随即补全D行。如图8－11所示。

后续仅需通过基本的排除法即可解出全盘，详细步骤由大家自行推导，在此不再赘述。答案如图8-12所示。

	1	2	3	4	5	6	7	8	9
A	1			8		4			5
B	2	│	4	6		3			1
C	3	6	8		5				9
D	7	3	6	1	8	2	5	9	4
E	4	8	2	9	5	6	7	1	3
F	9	1	5	4	3	7			6
G	6				8		4	2	
H	8	4	3	2	6	1	9	5	7
I	5	2			4	9			8

图 8-11

	1	2	3	4	5	6	7	8	9
A	1	7	9	8	2	4	6	3	5
B	2	5	4	6	9	3	8	7	1
C	3	6	8	7	1	5	4	2	9
D	7	3	6	1	8	2	5	9	4
E	4	8	2	9	5	6	7	1	3
F	9	1	5	4	3	7	2	8	6
G	6	9	1	5	7	8	3	4	2
H	8	4	3	2	6	1	9	5	7
I	5	2	7	3	4	9	1	6	8

图 8-12

四、本章总结

本章继宫内数对占位法后，我们学习了行列数对占位法的原理及应用。对某行或某列进行行列排除时，发现某两个数的所有可能位置集中在相同的两个格，则这两个格便形成这两个数的数对，排除了此两格填入其他数字的可能性。

行列数对占位法最值得注意的两点：行列数对可能会比较分散，观察难度较大；行列的占位起到的作用并不局限于对当前行或列的空格占位，有了数对的存在，把当前行或列分割成两个互不相干的区域，有时我们用到的却是该行或该列以外的空格排除范围。因此，得到行列数对后，我们应及时对其进行标注，或许会对数对格所在的行、列、宫起到占位作用，从而在其中某区域解出数字。也许此数对对当前盘面的占位作用不足以解出数字，但我们可以标注后继续解题，也许在后面解出更多线索后，再结合行列数对的占位，即可解出数字。

五、本章练习题

第 51 题　　　　用时：＿＿＿＿＿

	8		2					
		6		7	9			
6				9		1		
	9					4	7	
5								8
	6	4					3	
	3		4					6
		9	1		5			
				3		5		

第 52 题　　　　用时：＿＿＿＿＿

4			2			3		
					6	2		
							8	1
3			6	2			9	
				7		5		
	9			4	1			7
2	8							
			1	4				
		7			2			9

第 53 题　　用时：_____

				2		7	4	
			5			9		8
							2	3
	6			9				
4			8		7			5
				6			3	
7	3							
8		5				4		
	4	2		3				

第 54 题　　用时：_____

	6		2					
9	4			3			1	
				4				
3				6				
	9	2	5		8	6	4	
				1				5
				5				
	8			9			7	4
					3		8	

第 55 题　　　　用时：________

8				7			6	
		2						4
	3		6					
		6		4	1			
7			8		6			3
			9	2		6		
					2		4	
6						3		
	5			6				9

第 56 题　　　　用时：________

	7					4		
6		8			3			
	4				1			8
				3		9	8	
			5		9			
	1	7		4				
1			6				5	
			8			7		1
		5					2	

第 57 题　　用时：＿＿＿＿

					2	8	7	5
					9		1	6
				6				4
	9					2		
4								9
	6					3		
5					2			
8	3		7					
6	4	7		1				

第 58 题　　用时：＿＿＿＿

1			7	3			8	
		3						1
	9			5	1			
9			1			4		
8		4				1		6
		7			3			5
			5	1			4	
4						6		
	8			9	6			2

6 7 4 3 2 9 8 1 5

第 59 题　　　　用时：________

9			2				3	
			8			7		9
		5					4	
1	4			3				
			7		8			
				9			1	3
	1					8		
7		9			4			
	8				3			4

第 60 题　　　　用时：________

7			4					
		4	9		3			
	6			2				
5	4		7				2	
		8				1		
	9				6		3	5
				1			7	
			6		8	9		
					5			6

第九章
行列数组占位法

"码"上听课

扫码关注公众号
回复"数独进阶"
免费获取配套课程

6 7 4 3 2 9 8 1 5

> **本章知识点**
> 1. 继续对行列占位做深入讲解，维度上升至"数组"层面；
> 2. 用标注的数组占位排除相关行、列、宫。

> **学习目标**
> 1. 学会通过行列排除的角度得到行列数组，并及时标注；
> 2. 学会在数组格所在的相关区域进行占位排除；
> 3. 可以解决高级难度的标准数独题。

在上章中，我们学习了由宫内数对占位法过渡到行列数对占位法。本章我们将继续提升观察难度，将数组的概念也过渡到行列中，由此占位排除求解。所谓宫内数对、宫内数组、行列数对、行列数组，总归都是某维度的数字可能范围对应于某几个格（格数=维度），由此起到了占位作用，排除了这些格填入其他数的可能性。

原理与上一章类似，相信大家能够做到举一反三。而由数对过渡到数组，二维过渡到多维的过程中，观察难度也随之大大提升。

一、行列数组占位法示意图

如图9-1所示，我们观察G行，经行列排除易得数字3、4、8的所有可能位置均为G2、G7、G8三格，由此便形成了3、4、8数组。有了该数组的占位作用，这三个格便不再有填入其余数字的可能性。这样一来，我们观察 G 行，经排除和数组占位，我们不难得到数字 7 的唯一可能位置，即 G9 = 7，如图 9-2 所示。

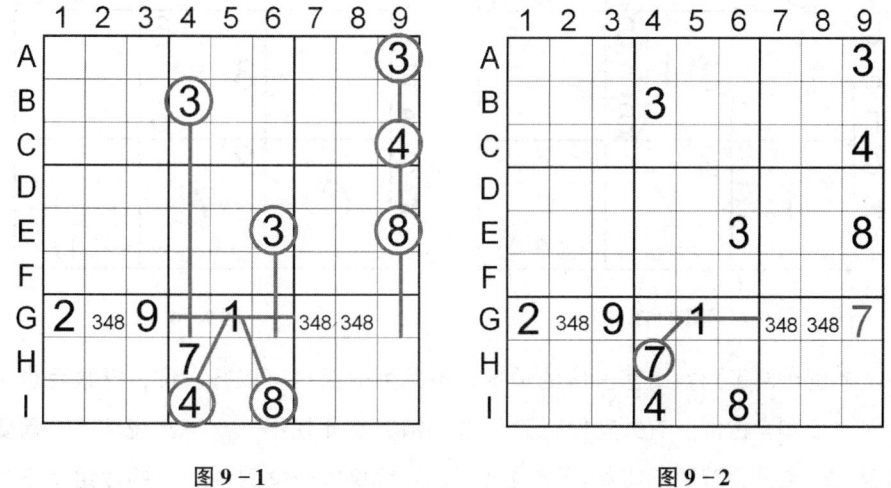

图 9-1　　　　　　　图 9-2

从上面的一例中我们了解了数组占位的原理，其观察难度同样是不容小觑的。我们需要在某行或某列中排除得到三个及以上"重合"的可能位置区域，而这些空格大多分散在行或列中，难以集中观察；再加上数组维数的增大，在纷杂缭乱的已知数线索中，难以察觉到各数字可能位置的"重合度"。

下面我们同样看一个行列数组宫内占位的例子，如图 9-3 所示。观察 5 列，行列排除可得数字 3、5、6 的所有可能位置均集中在 A5、G5、I5 这三格，由此形成 5 列中的 3、5、6 数组，标注在图中。数组意味着数字 3、5、6 与 A5、G5、I5 三格相互对应，只不过内部对应关系暂不知晓，但没关系，至少排除了这三格填入其余数字的可能性。

按照定势思维，我们下一步的观察点可能继续在 5 列中的其他空格，但经大致观察后，发现此数组的占位作用并没有对 5 列的行列排除产生有价值的数字线索。因此我们转向观察数组所在格对应的行或宫，A 行、G 行、I 行、二宫貌似都没有什么可填的数字。我们寄希望于八宫，由于 G5 格数组的占位，再加上宫外数字线索的排除，可以得到 G6 = 1，如图 9-4 所示。

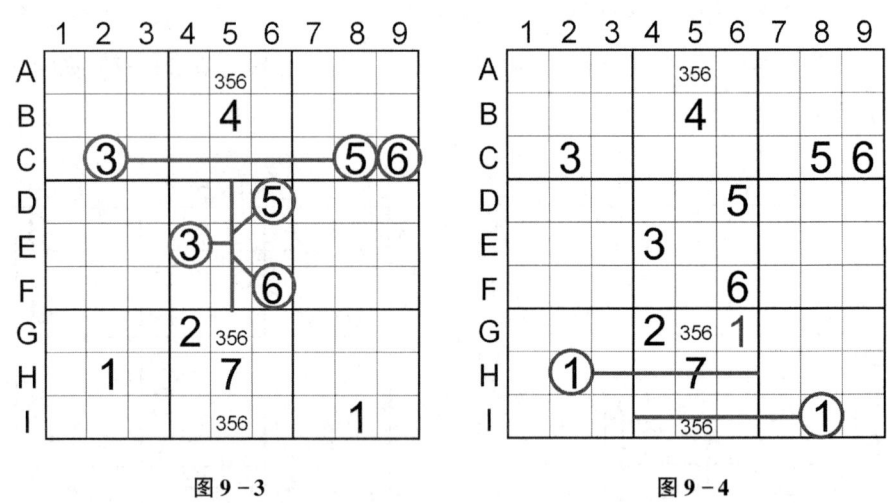

图 9-3　　　　　　　　图 9-4

本例讲解了列数组宫占位的情况，当然列数组也可以行占位，行数组也可以列占位和宫占位。有关其他行列外占位情况在此就不一一举例说明了。需要注意的一点是，若我们将某行（或某列，后续仅以行举例说明）的数组用于列和宫的占位时，我们一般用到的可能并非数组的所有格子，而仅用到其中的 1~2 格的占位作用。这也从侧面说明，当在某行中得到数组并进行标注后，我们不一定再拘泥于该行，而可以将标注后的每一格均发挥出自身的占位作用，不一定再考虑数组整体的占位。

二、真题卡点讲解

下面我们在实战中体会行列数组的占位作用，如图 9-5 所示。理解归理解，行列数组占位的难度在于观察，所谓"乱花渐欲迷人眼"，我们要学会在真题盘面各个干扰数字的"障眼法"中，及时留意行列排除的数字可能范围，并对范围"重合"的格子加以重视。比如在本例中，基本的排除法已不再起作用，我们对 D 行进行行列排除，可以发现，数字 3、4、5 的可能范围均集中在 D1、D4、D6 三格。虽然各数字的可能范围均少于三格（数字 3 可能填在 D1 或 D6；数字 4 可能填在 D4 或 D6；数字 5 可能填在 D1 或 D4），但总归是这三个数与此三格相互对应，只是对应关系暂时未知。

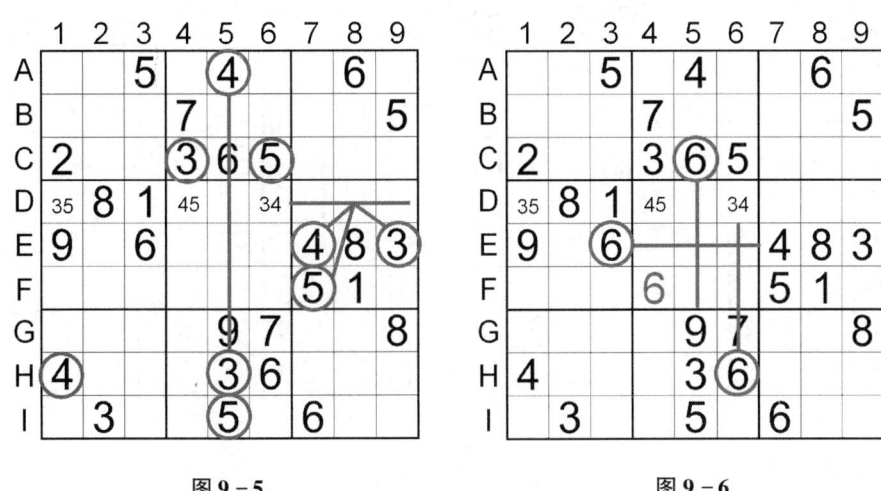

图 9-5　　　　　图 9-6

有了 3、4、5 数组的占位，则 D1、D4、D6 三格不再有填入其他数字的可能。接下来我们对数组格所在区域分别进行排除观察，发现五宫中，由于数组格 D4、D6 的占位作用，以及宫外已知数的排除，可以得到 F4 =6。至此又完成了一个行数组宫占位的典型例题。

对于这种数字可能范围少于数组格数的情况，无论可能位置如何分配，均逃不出这三格的范围，这依旧满足了数组的一一对应关系。如果大家觉得这种情况给数组的观察带来了不便，也可以不考虑数组格的数字，将数组格均直接标注为全维度数字，即在本例中将 D1、D4、D6 均标注为"345"，这样也是不影响数组的占位作用的，只需后续在"解锁"数组的过程中再对数组的标注进行简化即可。

三、例题详解

如图 9-7 所示，我们依旧采用基本的排除法入手解题。由宫内排除可依次解出三宫的所有数字；继续宫内排除可依次得到四宫、五宫的 1 和七宫的 9。如图 9-8 所示。

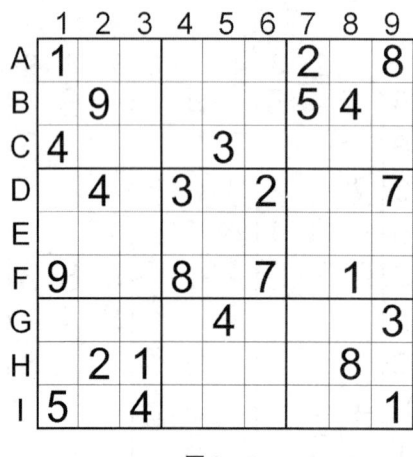

	1	2	3	4	5	6	7	8	9
A	1						2		8
B		9					5	4	
C	4				3				
D		4		3		2			7
E									
F	9			8		7		1	
G					4				3
H		2	1					8	
I	5		4						1

图 9－7

	1	2	3	4	5	6	7	8	9
A	1						2	3	8
B		9					5	4	6
C	4				3		1	7	9
D		4		3	1	2			7
E		1							
F	9			8		7		1	
G			9		4				3
H		2	1					8	
I	5		4						1

图 9－8

至此进入卡点，基本的排除法和唯余法均不可用。我们考虑观察行列，看是否可以找到数组的存在。观察 E 行，经行列排除可以发现，数字 3、7、8 均只可能填在 E1、E3、E7 三格，由此形成 3、7、8 数组，及时做标注。有了数组的占位，这三格便不再有填入其他数字的可能性，由此观察四宫，经排除和数组占位可以得到 F3 =2，如图 9－9 所示。

由新填出的 F3 =2 对 9 列进行行列排除，容易得到 E9 =2；宫内排除可依次得到一宫、二宫的 2；继续向下宫内排除可解出全盘的 2；顺势继续对九宫宫内排除，可依次得到 H9 =5，H7 =4；随即补全 9 列；对一宫进行宫内排除易得 B3 =3；对 5 列进行行列排除可得 B5 =8；随即可以补全 B 行剩余的两个空格。如图 9－10 所示。

	1	2	3	4	5	6	7	8	9
A	1						2	3	8
B		9					5	4	6
C	4				3		1	7	9
D		4		3	1	2			7
E	378	1	378				378		
F	9		2	8		7		1	
G			9		4				3
H		2	1					8	
I	5		4						1

图 9－9

	1	2	3	4	5	6	7	8	9
A	1						2	3	8
B	2	9	3	7	8	1	5	4	6
C	4			2	3		1	7	9
D		4		3	1	2			7
E	378	1	378				378		2
F	9		2	8		7		1	4
G			9		4			2	3
H		2	1				4	8	5
I	5		4		2				1

图 9－10

对八宫进行宫内排除易得 H5 =7，G4 =1；继续排除依次可得 G6 =5，I6 =8，H6 =3；行列排除可依次补全 H 行剩余两个空格，随即补全八宫；宫内排除可以得到 I2 =3，G7 =6，顺势补全九宫。如图 9－11 所示。

观察 F 7 格，唯余得到 F 7 =3；由新得到的 3 再结合 7 列中的 7，可以对数组格 E7 唯余得到 E7 =8，随即补全 7 列。这样一来，原 E 行的 378 数组退化为 E1、E3 的 3、7 数对，如图 9－12 所示。

	1	2	3	4	5	6	7	8	9
A	1						2	3	8
B	2	9	3	7	8	1	5	4	6
C	4			2	3		1	7	9
D		4		3	1	2			7
E	378	1	378				378		2
F	9		2	8		7		1	4
G			9	1	4	5	6	2	3
H	6	2	1	9	7	3	4	8	5
I	5	3	4	6	2	8	7	9	1

图 9－11

	1	2	3	4	5	6	7	8	9
A	1						2	3	8
B	2	9	3	7	8	1	5	4	6
C	4			2	3		1	7	9
D		4		3	1	2	9		7
E	37	1	37				8		2
F	9		2	8		7	3	1	4
G			9	1	4	5	6	2	3
H	6	2	1	9	7	3	4	8	5
I	5	3	4	6	2	8	7	9	1

图 9－12

再由 B3 =3 可以直接解锁这一数对，也就是原先的 E 行 3、7、8 数组已完全解锁。继续对一宫进行排除，可得 A2 =7；向下排除可补全七宫剩余两格；随即补全 1 列；行列排除可依次补全 C 行剩余的三个空格。如图 9－13 所示。

后面的解题过程便没什么难度了，仅需通过基本的排除法即可解出全盘，如图 9－14 所示，在此不再赘述。

	1	2	3	4	5	6	7	8	9
A	1	7					2	3	8
B	2	9	3	7	8	1	5	4	6
C	4	5	8	2	3	6	1	7	9
D	8	4		3	1	2	9		7
E	3	1	7				8		2
F	9		2	8		7	3	1	4
G	7	8	9	1	4	5	6	2	3
H	6	2	1	9	7	3	4	8	5
I	5	3	4	6	2	8	7	9	1

图 9－13

	1	2	3	4	5	6	7	8	9
A	1	7	6	5	9	4	2	3	8
B	2	9	3	7	8	1	5	4	6
C	4	5	8	2	3	6	1	7	9
D	8	4	5	3	1	2	9	6	7
E	3	1	7	4	6	9	8	5	2
F	9	6	2	8	5	7	3	1	4
G	7	8	9	1	4	5	6	2	3
H	6	2	1	9	7	3	4	8	5
I	5	3	4	6	2	8	7	9	1

图 9－14

四、本章总结

本章讲解了行列数组占位法的应用，对于行列数组的占位原理相信大家不难理解。但本方法具有一定的观察难度，由于行列的观察视角较为分散，在排查可能位置时又没有区块的标注作为辅助，因此很容易错过已排查过的可能范围，从而忽略掉行列数组的存在。而本章的讲解只能是让大家更加熟悉，为做到熟练观察，还需大家平时勤奋练习。

五、本章练习题

第61题　　　用时：_____

4	6		7					2
		1						
5		2			3	1		
	3					4		
7								5
	1					2		
		5	3			6		4
					5			
6				8		5		7

第 62 题　　用时：_____

			5		1			9
				9	6	5		
							7	
6					8		3	1
	1						8	
9	5		1					6
	8							
		4	7	3				
1				4		5		

第 63 题　　用时：_____

		3					7	4
			8			6		2
2		9				3		
	6			5				
			1		9			
				3			5	
	7					3		5
1		6			5			
8	4					7		

第 64 题　　　　用时：________

2			7	8				
		4					6	
	7		1			8		
7		6	2					
1								5
					7	1		8
		9			1		3	
	6					9		
				9	2			4

第 65 题　　　　用时：________

3	7					8		
4		1						
	9	5			1			6
			1		3	2		
		6	8		2			
2			7			3	1	
						7		2
		3					5	8

第 66 题　　　用时：_____

		9	7		8			
			2					
7				1				
1	6			7				3
		8	5		9	2		
4				3			5	6
				4				7
					7			
			3		5	8		

第 67 题　　　用时：_____

			1	3				
					6	2		
			7		4		3	
7		1				6	8	
5								9
		8	2			5		1
	3		2		5			
			4	8				
				7	1			

第 68 题　　　　用时：＿＿＿＿

			2	3			
	4		6				
	1		8	7			
1						8		7
	8	2				3	5	
5		6						1
			9	2			8	
				1		5		
			4		5			

第 69 题　　　　用时：＿＿＿＿

			4	6		2		1
	1			5				
	3	8	9	7			4	
				2		4		
	6				5	8	9	2
						7		8
	2		3		5	6		

第 70 题　　用时：________

2							1	
	5	3			1	7		9
	9						8	
			1		7		6	
	7		3		6			
	4						7	
7		1	8			3	2	
	3							8

```
    8
            6

7   4   3   2

   1   5  9
```

第十章

显性数对技巧

“码”上听课

扫码关注公众号
回复 “数独进阶”
免费获取配套课程

6 7 4 3 2 9 8 1 5

本章知识点

1. "隐性""显性"的概念；
2. 如何在宫内或行列中寻找显性数对；
3. 显性数对的主要排除范围。

学习目标

1. 能够理解"隐性""显性"的概念，并能做出区分；
2. 能够从排查候选数的角度找出显性数对；
3. 学会利用显性数对排除解出数字；
4. 可以解决高级难度的标准数独题。

在前面的章节中，我们对"排除流"的各种中级排除技巧已进行了讲解，从章开始，我们将对"唯余流"的一些常用方法进行详细介绍。由于"排除流"和"唯余流"两派的存在，我们便引申出相对应的"隐性"和"显性"的概念。所谓"隐性"指的是通过排除某些数字填入某些空格的可能性，从而得到的数字线索；"显性"指的是通过排除某些空格中填入某些数字的可能性，从而得到的候选数线索。"隐性"对应于"排除流"，"显性"对应于"唯余流"。之前我们所学的数对占位法和数组占位法，都是通过排除空格可能性的方式得到的，严格来说应称为"隐性"数对占位法和"隐性"数组占位法。

之前我们学习过数对的终极作用：将区域分割为两个互不相干的子区域。具体有两个排除角度，以数对为例进行说明：（1）排除了数对所在格填入其余数字的可能性；（2）排除了数对所在区域其余格填入这两个数的可能性。而之前的"隐性"数对，主要用到的是第（1）条的排除作用，即我们俗称的"占位"作用。而这是因为我们本就通过排除这两个数填在其余空格的可能性，从而得到的"隐性"数对。那么本章所讲的"显性"数对，正巧相反，我们通过排除某两格填入某些数的可能性而得到的"显性"数对，作用是排除共同影响区域的其余格填入这两个数的可能性。因此，"显性"数对不再有占位作用，而是具有"排除"空格的作用。

一、显性数对示意图

下面我们来看两个有关数对显隐性关系的例题。如图 10-1 所示，我们对 F8、F9 两格分别进行唯余排除，虽不能直接解出，但发现，这两格的可填数字均只有 5 或 9 两种可能，这便是我们本章所讲的"显性"数对，通过唯余法排查候选数后，两格候选数为相同的两个数，由此构成显性的数对。而这里的数对没有"占位"作用，我们本就通过排除 F8、F9 填入其余数字的可能才得到的数对，没有必要再对格内数字填入的可能性进行排除。因此这里的显性数对 5、9 的作用是"排除"，即排除其共同所在的区域填入 5、9 的可能性。

排除的原理应该不难理解，F8、F9 两格均只能填入 5 或 9，那一定是分别填入 5 和 9，只不过对应关系暂不明确。但无论哪个是 5 哪个是 9，一定排除了 F 行和六宫其余空格填入 5 和 9 的可能性。这样一来，我们再对六宫内的 E7 格试做唯余法排除，由所在宫和列的已知数线索，再加上 F8、F9 的 5、9 显性数对的排除，可以唯余得到 E7 =6，如图 10-2 所示。这便是显性数对的排除作用。

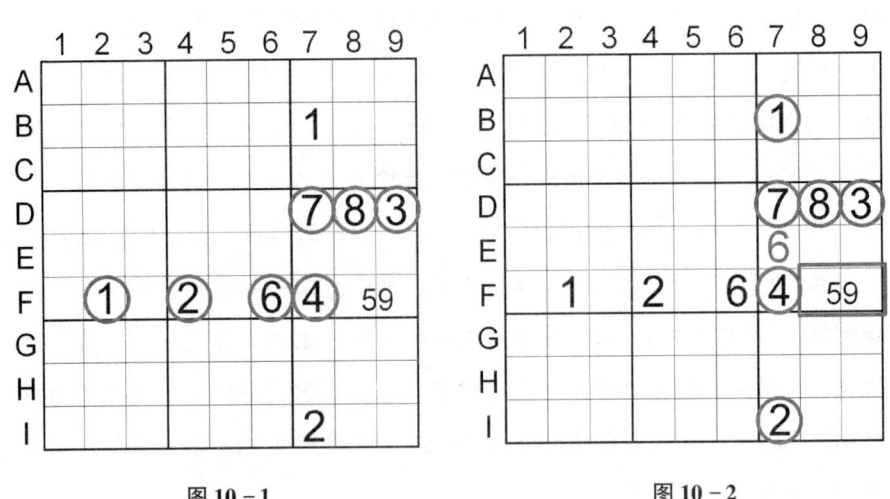

图 10-1　　　　　　图 10-2

显性数对的解题结果实际上与隐性数对或数组殊途同归。如图 10-3 所示，我们从隐性的角度试图分析本例：在六宫中，经排除易得数字 1、2、6 的可填范围均为 E7、E8、E9 三格，这便无形中构成了三维隐性数组。本数组起到了占位作用，排除了这三个格填入其他数字的可能性。这样一来，再对数组内部进行唯余处理，也容易得到 E7 = 6 的结果。我们仔细观察发现，得到 1、2、6 的隐性数组占位后，剩余的两格 F8、F9 也自然形成了数对 5、9，因此显性和隐性一般殊途同归，当隐性数组维数较高时，观察便复杂得多了，此时我们选用显性数对来解决或许会方便得多。

我们再看一例，如图 10-4 所示。6 列中对 B6、F6 分别唯余可以得到两格的候选数（即可填数字）均只有 5、6 两个数字，由此便形成了显性数对 5、6。此数对的作用并非占位，而是排除了共同影响区域，即 6 列中其余空格填入 5 和 6 的可能性。因此我们利用此显性数对向下排除，可以得到八宫中 I4 = 5，如图 10-5 所示。

本例我们讲解了行列中典型的显性数对的排除原理。同样地，行列中的隐性数组（数对）与显性数对依旧可以殊途同归，如图 10-6 所示。若我们对 6 列进行行列排除，可以依次发现，数字 1、2、3、4 的可能范围均为 A6、G6、H6、I6 四格，此为四维隐性数组。有了数组的占位，6 列中的剩余两格自然分别填入 5 和 6，只是相对位置不确定，这不就是我们刚才提到的 5、6 数对么？

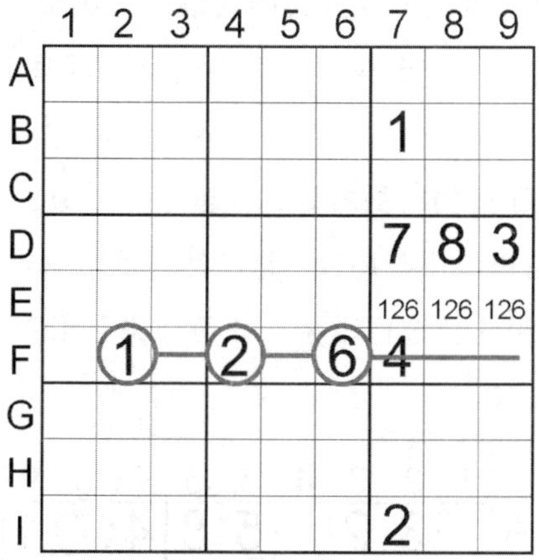

图 10-3 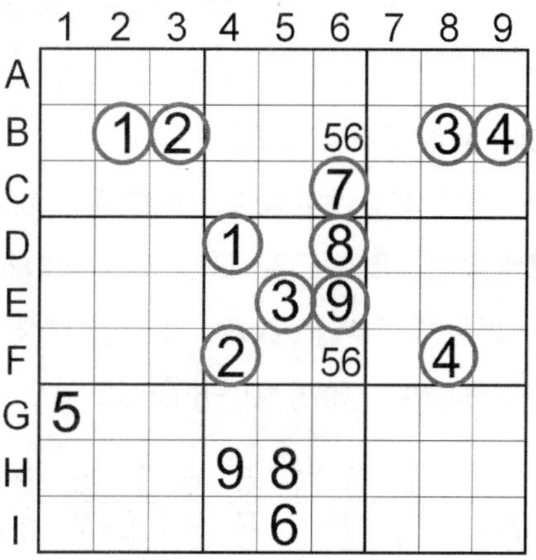   图 10-4

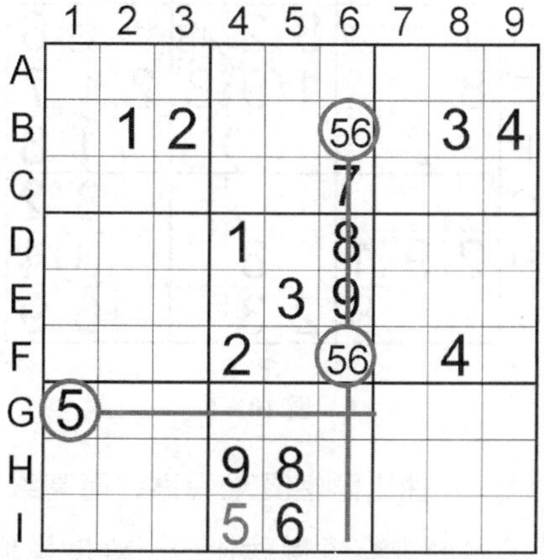

图 10-5 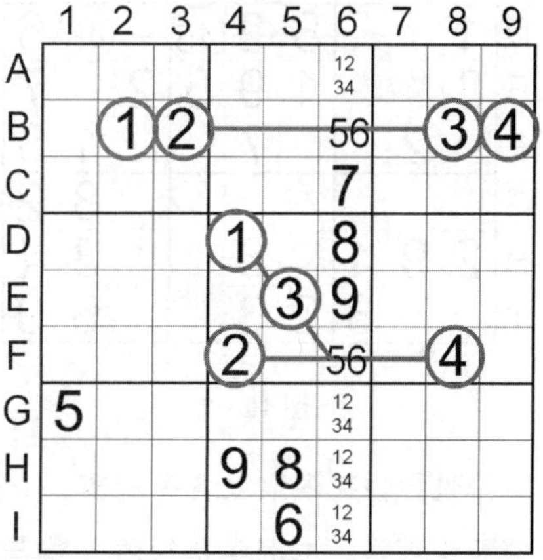   图 10-6

因此，显性伴随隐性，隐性自然也离不开显性，二者相辅相成，殊途同归。我们从显隐性两个不同角度，往往可以得到相同的数字结果，不论是宫内数对（数组）还是行列数对（数组）。

二、真题卡点讲解

下面我们看一道数独真题，如图 10-7 所示。此时基本排除和唯余法均不可解，遇到卡点。我们观察 D 行，经唯余可以确定 D6 和 D8 格的候选数均只有

6 7 4 3 2 9 8 1 5

4和5，数字的相对位置虽然不可确定，但却可以排除其共同影响的区域填入4和5的可能性，即形成4、5显性数对。有了4、5数对的横向排除，观察D2格，唯余可得D2=7。

若考虑隐性的角度，同样可以通过对D行的行列排除，得到3、7、9三维隐性数组：D2、D3、D7，有了此数组的占位作用，剩余两格自然只能填入4或5，即形成了4、5数对。下一步只需在数组内部进行唯余，便可以得到D2=7的同样结果，如图10-8所示。

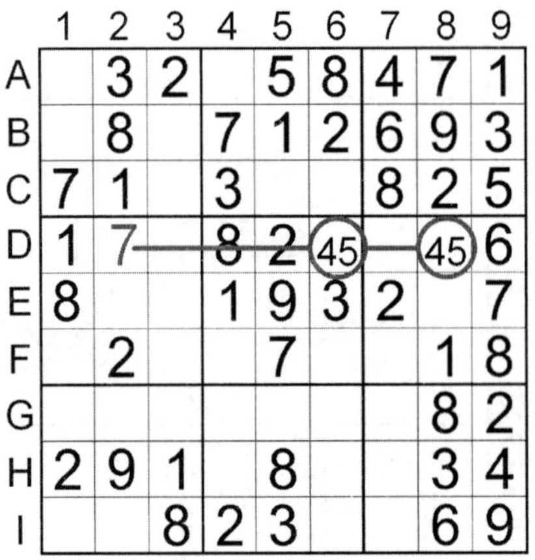

图10-7 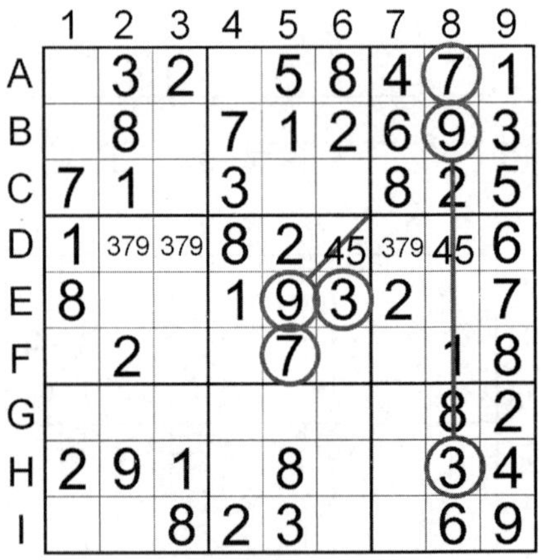　　　　　图10-8

隐性显性在观察上各有利弊，一般来说，显性比隐性更难观察，而高维比低维更难观察。本例中是显性二维与隐性三维的观察难度做比较，难度类似。但若碰到隐性数组维数很高的情况下，便可以化高维为显性，从而降低观察难度。

三、例题详解

下面我们一起来完成这道例题，如图10-9所示。我们依旧是以基本的排除法入手解题，宫内排除可得A2=9，H7=8，B3=7；对9列进行排除可依次得到B9=2，C9=6，D9=9。如图10-10所示。

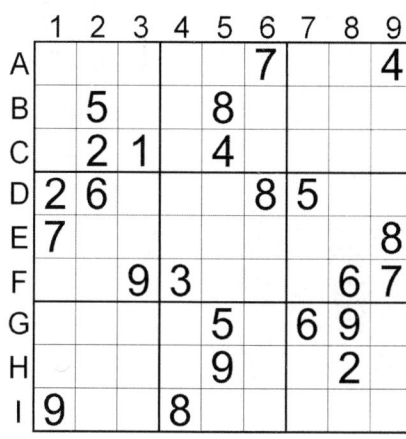

	1	2	3	4	5	6	7	8	9
A						7			4
B		5			8				
C		2	1		4				
D	2	6				8	5		
E	7								8
F			9	3				6	7
G					5		6	9	
H					9			2	
I	9			8					

图 10－9

	1	2	3	4	5	6	7	8	9
A		9				7			4
B	4	5	7		8				2
C		2	1		4				6
D	2	6				8	5		9
E	7								8
F			9	3				6	7
G					5		6	9	
H					9		8	2	
I	9			8					

图 10－10

至此进入卡点，我们需要寻找本章所学的显性数对（或隐性数组）来解决当前问题。对 A7、B8 两格使用唯余操作，排查可得其候选数均只有 1 和 3，即形成显性数对 1、3。此数对排除了三宫中其余空格填入 1 和 3 的可能性。因此，三宫中剩余空格 A8、B7、C7、C8 便对应于剩余数字 5、7、8、9，接着对剩余四格使用唯余，可以依次得到 B7 =9，C7 =7，如图 10－11 所示。

此时卡点已解出，我们可以回归基本的排除法了。宫内排除可依次得到九宫的 7 和 4，进而行列排除易得 5 列的 7，如图 10－12 所示。

	1	2	3	4	5	6	7	8	9
A		9				7	13		4
B	4	5	7		8		9	13	2
C		2	1		4		7		6
D	2	6				8	5		9
E	7								8
F			9	3				6	7
G					5		6	9	
H					9		8	2	
I	9			8					

图 10－11

	1	2	3	4	5	6	7	8	9
A		9				7	13		4
B	4	5	7		8		9	13	2
C		2	1		4		7		6
D	2	6			7	8	5		9
E	7								8
F			9	3				6	7
G					5		6	9	
H					9		8	2	
I	9			8			4	7	

图 10－12

至此又进入新的卡点，我们依旧试图寻找显性数对。我们对 F5 和 F7 分别唯余，得到相同的候选数：1 和 2，由此形成显性数对 1、2。该数对可以排除其共同影响区域的 F 行其余格填入 1 和 2 的可能，于是排除可解出四宫的 1，如图 10－13 所示。

	1	2	3	4	5	6	7	8	9
A		9				7	13		4
B	4	5	7		8		9	13	2
C		2	1		4		7		6
D	2	6			7	8	5		9
E	7	1							8
F			9	3	12		12	6	7
G					5		6	9	
H					9		8	2	
I	9			8			4	7	

图 10－13

解除卡点，我们继续由唯余法可以得到 I2＝3，然后顺势对 5 列行列排除可得 A5＝3；由此解锁三宫中的 1、3 数对；接着又可以解锁 F 行中的 1、2 数对。如图 10－14 所示。

	1	2	3	4	5	6	7	8	9
A		9			3	7	1		4
B	4	5	7		8		9	3	2
C		2	1		4		7		6
D	2	6			7	8	5		9
E	7	1							8
F			9	3	1		2	6	7
G					5		6	9	
H					9		8	2	
I	9	3		8			4	7	

图 10－14

至此，显性数对均已解出，后续仅通过基本的排除法即可解出全盘，在此不再赘述，答案如图 10－15 所示。

```
    1 2 3 4 5 6 7 8 9
A │ 6 9 8 │ 2 3 7 │ 1 5 4 │
B │ 4 5 7 │ 1 8 6 │ 9 3 2 │
C │ 3 2 1 │ 5 4 9 │ 7 8 6 │
  ├───────┼───────┼───────┤
D │ 2 6 3 │ 4 7 8 │ 5 1 9 │
E │ 7 1 5 │ 9 6 2 │ 3 4 8 │
F │ 8 4 9 │ 3 1 5 │ 2 6 7 │
  ├───────┼───────┼───────┤
G │ 1 8 2 │ 7 5 4 │ 6 9 3 │
H │ 5 7 4 │ 6 9 3 │ 8 2 1 │
I │ 9 3 6 │ 8 2 1 │ 4 7 5 │
```

图 10 - 15

四、本章总结

本章是"显性"和"隐性"、"唯余流"和"排除流"的进阶点，显性和隐性的概念对于以后其他技巧的学习至关重要！隐性一般指通过排除某数填入某些格的可能性从而得到的数字线索，我们之前所学的数对/数组占位法都是通过隐性角度发挥占位作用的。而显性指的是通过排除某些格填入某些数的可能性，从而得到的数字线索。

数对和数组的终极作用是将原区域分割成两个互不相干的子区域，即数对/数组内区域和外区域。具体有两点排除角度，此处以数对为例进行说明：（1）排除了数对所在格填入其余数的可能；（2）排除了数对共同影响区域的其余空格填入这两个数的可能。显性数对与隐性数对得到的方式正好相反，因此其作用也相反。但是最终的结果殊途同归，显性必带隐性，而隐性必离不开显性。显性的观察难度相对大于隐性，但一般对于较高维数组占位才得到某数的情况，采用显性排除或许会更容易观察。

显性数对的排除作用经常是结合唯余法共同使用的，在显性数对的排除和交叉格区域影响下，可以使格内确定出唯一的可能数字。在实际解题过程中，我们无须明确区分显隐性，也无须刻意寻找显隐性线索。在解题过程中，有时并不是哪种角度简便用哪个，而是观察到哪个就用哪个。本章的内容为后面更高级的解法奠定了基础，内容极其重要，希望大家勤加练习，熟练掌握！

五、本章练习题

　　　第 71 题　　　用时：_____

		1	3					
			6				4	
9			2	4				
	1	5	7					
4		3				7		1
					3	2	8	
				8	7			9
	5				9			
				1		3		

　　　第 72 题　　　用时：_____

				1	2	5		
			5					
			7	8				2
	2	6						8
4		8				1		7
5						4	6	
1				6	3			
						1		
			9	2	4			

第73题　　　用时：_____

					3	6		
			4		2	9		8
				9			7	
	3						5	2
		5				7		
9	6						3	
	2			3				
6		3	7		5			
	8		9					

第74题　　　用时：_____

	4				1	9		
7							6	
				4	6	7		8
							2	9
		3				8		
9		2						
6		7	4	8				
	3							5
			5	9			2	

第75题　　　　用时：_____

	8	3					4	
3					1	5		6
						7	9	
8			6				3	
	1				2			9
	5	6						
7		3	4					5
	4				5		7	

第76题　　　　用时：_____

				5				
	5	7		4	1			
	3		9			2		
9							1	5
	7				9			
3	1						8	
	6		8			9		
		4	6		1	8		
		2						

第 77 题　　　用时：_____

					9			2
	4			3				
			2	8	4			
		6					7	3
	2	9				1	5	
1		3				2		
			6	9	1			
				7			8	
7				3				

第 78 题　　　用时：_____

1	6		3					
9							7	
			5	1				
		4		5				
8		9	7		6	1		5
				4		3		
				9	8			
	1							4
				7			8	6

第 79 题　　　　　用时：_____

		6	7					
	+		4	5				
4			2		3			
2	7	8				6		
	3						9	
		5				8	2	1
				3		4		6
				7	1			
					8	5		

第 80 题　　　　　用时：_____

	2		5	1				
7				8		4		
					2		7	
6						3		
1	8						9	7
		3						2
	5		6					
		7		5				1
				4	9		3	

第十一章
显性数组技巧

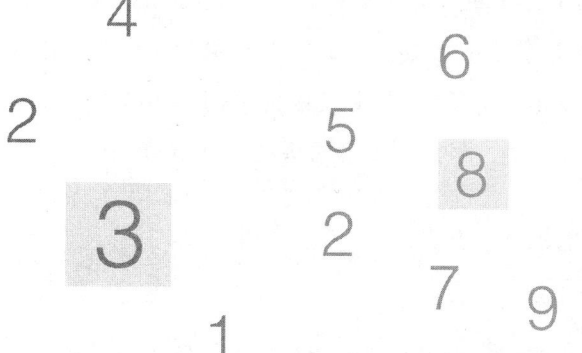

6 7 4 **3** 2 9 **8** 1 5

本章知识点

1. 将隐性数组过渡到显性数组，学习从候选数的角度观察数组；
2. 学习显性数组的主要排除范围，并结合基本的排除法或唯余法解出数字。

学习目标

1. 学会在行、列、宫中通过唯余排查候选数的方式得到数组；
2. 明确数组排除范围，即排除共同影响区域；
3. 可以解决高级难度的标准数独题。

上章我们初次学习了"显性"与"隐性"之间的关系，我们一同回顾一下。隐性数对/数组一般是通过基本的排除法而得到的，其作用是"占位"，即排除数对/数组区域内填入其余数字的可能；而显性数对/数组一般是通过唯余排查候选数而得到的，其作用是"排除"，排除范围为共同影响区域的其余空格。显性与隐性一般是密不可分的，虽然，二者的解题角度不同，但是得到的结果相同。

在实际做题过程中，如果有可选择技巧的条件，一般建议选择隐性低维数组。但有时由于隐性数组维度很高，并不易观察，不妨从另一视角，化隐性为显性，化高维为低维。上一章我们集中学习了显性数对的排除方法，那么本章我们将难度提升，主要学习显性数组的技巧。

一、显性数组示意图

显性数组依旧是通过唯余入手排查格内候选数而得到的。如图 11-1 所示，我们分别对 D5、G5、I5 三格唯余处理，可以分别求出其当前全部候选数：D5 为 4、5，G5 为 4、5、8，I5 为 4、5、8。通过观察不难发现，这三格的候选数均包只包含 4、5、8 这三个数，由此形成显性数组 4、5、8。该数组排除了其共同影响区域，即 5 列中的其余空格填入 4、5、8 的可能，于是向上排除可以得到 B4 =8。

若以隐性的角度分析本例，也可以通过对 5 列进行行列排除，分别得到 3、6、7、9 的可填区域，由此形成四维隐性数组。有了数组的占位，5 列的剩余三个空格便只能填入数字 4、5、8 了，由此 D5、G5、I5 三格也自然形成 4、5、8 数组，如图 11-2 所示。

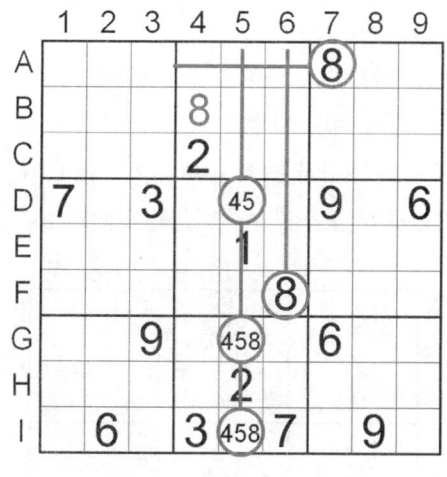
图 11-1

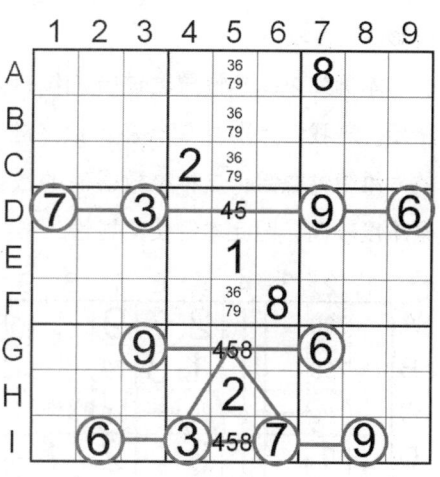
图 11-2

本例中选择的是三维显性数组和四维隐性数组两个解题方向，而我们常用的显性数组就是行列中的三维数组，之所以选择显性角度解题，一般是为了避免使用隐性高维而提升观察难度。但若显性数组维度较高，则对应的隐性数组维度便会降低，这样就无须选择显性观察角度解题了。

6 7 4 3 2 9 8 1 5

我们再看一个具有数组显隐性关系的例子，如图 11-3 所示。本例的一个特点是有的列虽空格较少，虽不能通过行列排除直接解出具体数字，但可以将其一一标注为数对/数组。当将 2 列、5 列、7 列的空格候选数全部标注后，我们可以发现，C 行中的 C2、C5、C7 三格候选数都只包含于 7、8、9，因此三格便自然而然地形成了所谓的三维显性数组。由此数组横向排除 C4、C6 两格填入 7 的可能性，而 C5 格虽为数组区域，却恰好也不可填入 7，经排除，可以得到 A6 =7。

因此，有时显性数组并不一定是在某区域排查一次就标注出来的，而可能是通过各种行、列、宫交叉格的影响，同时对"可疑"的格候选数进行试探性标注，以及在多格的标注下，自然地组合而成。甚至有的时候，通过将不同行的数对/数组进行标注的过程中，也会在共同所在的列中自然地形成新的数对/数组。

数组一定是在同一区域（行、列或宫）中形成的，否则即使候选数和格数均相符，但却找不到共同影响的区域，便无法通过排除未解题。比如本例中的 C2、H5、B7 三个互不相干的格，首先并没有互相不能重复的条件，并且也不能找到共同影响的区域。

本例如果以隐性角度进行占位排除，便显得有点复杂冗余了，如图 11-4 所示。若我们分别对 C 行各个数字进行行列排除，可以得到 1、2、3、4、5、6 的六维隐性数组，这种维数很高的数组对于占位和排除的意义并不大，而且观察难度较高，因此本例使用显性三维数组可以化高维为低维，简化观察的难度。

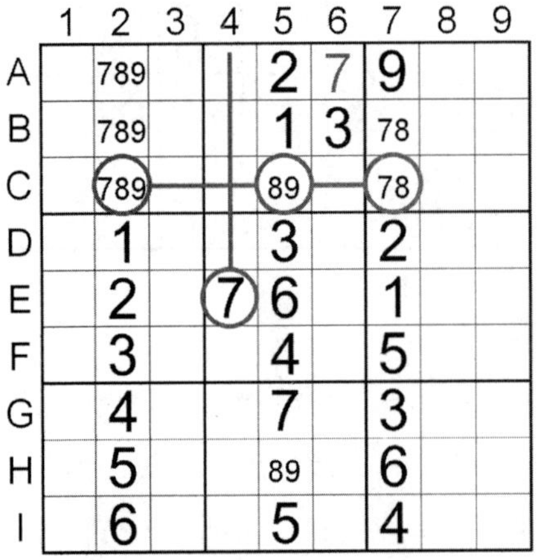

图 11-3

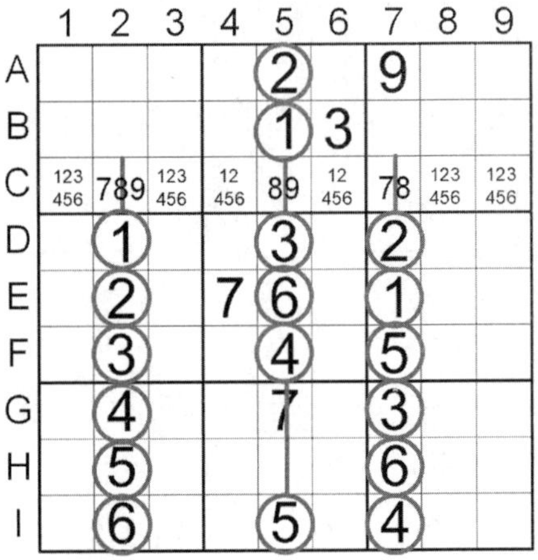

图 11-4

二、真题卡点讲解

下面我们看一道真题，如图 11-5 所示。在很多干扰性的已知数中，寻找显性数组是需要一定的耐心和观察技巧的。本题已经过基本的排除法和唯余法，至此进入卡点。我们观察 B 行中的一些交叉格，经唯余可以依次得到一些格的候选数：B4 为 1、9，B7 为 1、6、9，B8 为 1、6、9；不难发现，这三格的候选数均只包含 1、6、9 三个数字，于是这三格与 1、6、9 相互对应，形成 1、6、9 三维显性数组。有了此数组，我们可以用来排除 B 行中其他空格填入 1、6、9 三个数字的可能性，由此唯余可以得到 B2 = 7。若以隐性角度分析则可以得到四维数组，观察难度相对显性角度复杂一些，具体分析在此不再赘述。

	1	2	3	4	5	6	7	8	9
A				6	7	8		5	3
B		7		19		2	169	169	4
C						4	7		8
D	5	3	4	2	6	9	8	7	1
E				3	8	5	4		
F	2	8	9	7	4	1	5	3	6
G			3	5		6			7
H	9			4		3			5
I	6	5		8		7	3	4	

图 11-5

三、例题详解

下面一起来完成一道实例，如图 11-6 所示。我们依旧从基本的排除法入手，宫内排除可解出九宫的 7，依次可解出一宫、三宫的 8；对 9 列进行行列排除可以得到 E9 = 4；宫内排除可得四宫的 5；然后唯余可依次得到 D9 = 3，

D6 =8。如图 11 - 7 所示。

	1	2	3	4	5	6	7	8	9
A			5				3	1	
B						6			9
C	3			8					7
D			4		1			2	
E				5		9			
F		8			4		7		
G	5					7			6
H	8			9					
I		1	7				4		

图 11 - 6

	1	2	3	4	5	6	7	8	9
A			5				3	1	8
B			8			6			9
C	3			8					7
D		5	4		1	8		2	3
E				5		9			4
F		8			4		7		
G	5					7			6
H	8			9				7	
I		1	7				4		

图 11 - 7

至此基本的排除法和唯余法的线索已用尽，我们此处尝试通过显性数组的角度分析问题。我们观察到 9 列只剩下三个空格，虽不可解出具体数字，但我们可以先将候选数标注上；然后我们对 H7 进行唯余排查，发现其候选数恰好为 1、2、5，其与同宫内的 H9、I9 构成显性三维数组。有了此数组的限制，则排除了同宫内其余格填入 1、2、5 的可能性，这样一来，九宫中只有 H7、H9 两格可以填入数字 1，这便无形中形成了有关 1 的区块。由此区块横向排除可解出 G4 =1，如图 11 - 8 所示。

这种宫内显性数组的例子其实并不是十分常见，在本例中我们也并不推荐采用这种方式解题，因为结果可以完全用隐性三维数组解题替代，相比之下观察难度也较低，如图 11 - 9 所示。若我们对九宫进行排除，容易得到 3、8、9 的三维隐性数组，有了该数组的占位作用，G7、G8、I8 三格将不再有填入其余数的可能。这样一来，经排除九宫中的 1 只可能填在 H7、H9 两格，由此便形成了有关 1 的区块。后续结果与显性数组殊途同归，而观察过程也没那么复杂，推荐使用这种方法。

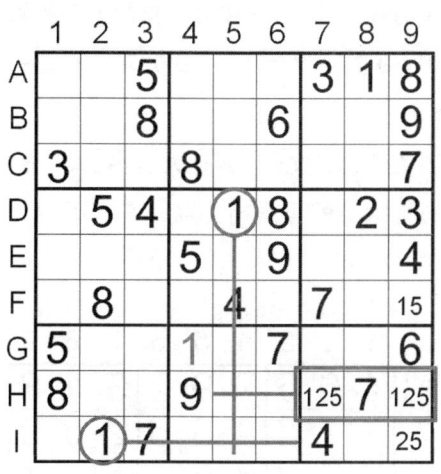

图 11-8 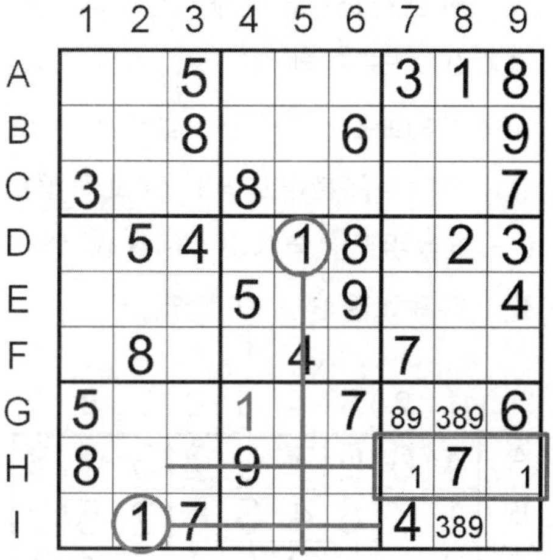   图 11-9

卡点已解除，我们回归基本的排除法和唯余法继续解题。宫内排除可依次解出二宫、一宫的 1；对 1 列进行行列排除可得 A1＝4；顺势宫内排除可依次解出全盘的 4；此时通过行列排除可全解 6 列。如图 11-10 所示。

继续宫内排除可依次得到三宫、一宫的 6；此时宫内排除轻松补全二宫、三宫，随即补全 B 行；宫内排除可解出全盘的 5；有了 H7＝5 的占位，便可以解锁九宫中 1 的区块了，随即补全 9 列。如图 11-11 所示。

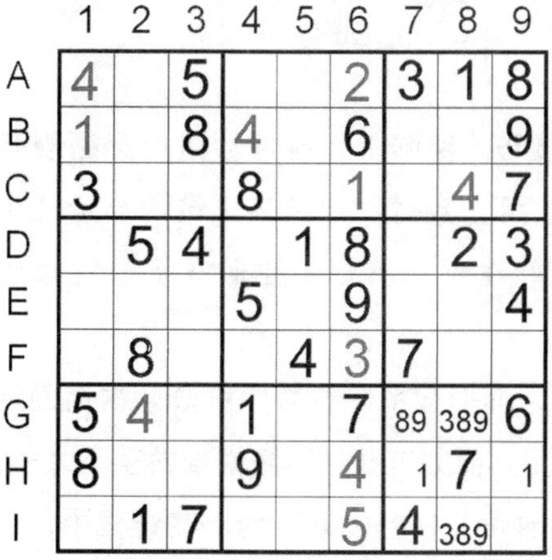

图 11-10 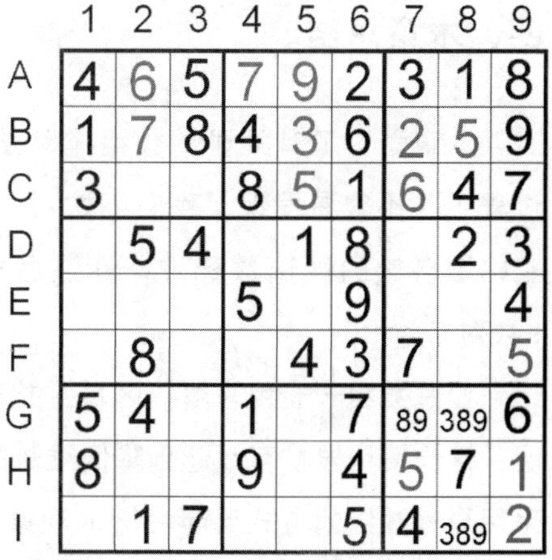   图 11-11

6 7 4 3 2 9 8 1 5

对 D 行进行行列排除可以依次解出剩余数字；由 D7 =9 可以排除 G7 的候选数 9，于是得到 G7 =8，原九宫中的 3、8、9 数组退化为 3、9 数对；随即补全 7 列的最后一个空格。如图 11 - 12 所示。

宫内排除易得 I4 =3，由此可解锁九宫中的 3、9 数对。至此九宫内的 3、8、9 三维数组已完全解出，后续仅通过简单的排除法即可解出全盘，在此不再赘述，答案如图 11 - 13 所示。

	1	2	3	4	5	6	7	8	9
A	4	6	5	7	9	2	3	1	8
B	1	7	8	4	3	6	2	5	9
C	3			8	5	1	6	4	7
D	7	5	4	6	1	8	9	2	3
E				5		9	1		4
F		8			4	3	7		5
G	5	4		1		7	8	39	6
H	8			9		4	5	7	1
I		1	7			5	4	39	2

图 11 - 12

	1	2	3	4	5	6	7	8	9
A	4	6	5	7	9	2	3	1	8
B	1	7	8	4	3	6	2	5	9
C	3	9	2	8	5	1	6	4	7
D	7	5	4	6	1	8	9	2	3
E	2	3	6	5	7	9	1	8	4
F	9	8	1	2	4	3	7	6	5
G	5	4	9	1	2	7	8	3	6
H	8	2	3	9	6	4	5	7	1
I	6	1	7	3	8	5	4	9	2

图 11 - 13

四、本章总结

本章学习了有关显性数组排除法的技巧。实际上，显性数组在解题观察过程中并不容易发现，我们不妨对一些数组（数对）以及某区域的剩余几个空格做自然的候选数标注，标注后有可能在不知不觉中便形成了显性数组（数对）。

显性数组一般用来解决区域空格较多，而对应的隐性数组维数又很高的情况，这样使用显性可以起到降低维数的作用。而如若显性和隐性维数差不太多，采用显性数组的方式反而会增加观察上的难度。在赛场紧张的比赛过程中，选用更易观察的显隐性角度，才能节约时间，取得更好的成绩。

五、本章练习题

第 81 题　　　用时：_____

	1	9		5		2		
7								
6			2					9
		5		6				
1			8		5			7
				3		1		
5					8			4
								2
		2		1		5	6	

第 82 题　　　用时：_____

	2	7	3				4	
4						3		5
3							8	
2				9				
			4		6			
				5				9
	6							1
1		5						3
	7				9	6	2	

第83题　　　　用时：_____

			5					6
		4		1		7	8	
	8				2		3	
3						6		
	5						2	
		7						9
	9		4				6	
	1	3		9		4		
5					8			

第84题　　　　用时：_____

	9		3	4				5
1				6				
		8		1				
						4	8	6
8								1
3	6	7						
				8		3		
				5				2
4			1	2			7	

130

第85题　　　用时：＿＿＿

					9			
	8				6		3	
	9		4	1				
		3			2		4	
9		5				6		2
	7		9			1		
				7	3		1	
	1		6			3		
				8				

第86题　　　用时：＿＿＿

		5	2					6
	7			6	3	4		
	3					2		
9						7		
2								9
	6							8
	1					9		
	9	3	6			4		
5				9	4			

第 87 题　　　　用时：_____

		2		6				
					1	9	4	
4			8				7	
	7	2				1		
6								4
	1				4	7		
	7				5			2
	2	5	3					
					9		8	

第 88 题　　　　用时：_____

						6		
		7	5			8		
	4				3		5	2
	5			6				
		8	2		9	4		
					1		3	
2	7				4		6	
		9				6	7	
			5					

第 89 题　　　用时：_____

					5			6
7				4	1			
		9						
			5	9			7	2
	4		3		7		5	
7	5			2	6			
						7		
			6	3			1	
8			4					

第 90 题　　　用时：_____

9		1	7			3		
			5	8			4	
5								1
1	6							
	3					5		
							7	8
6								9
	8			3	9			
		9			6	7		4

8
  6
7 4 3 2
  1 5 9

第十二章

数独高级组合技巧

“码”上听课

扫码关注公众号
回复“数独进阶”
免费获取配套课程

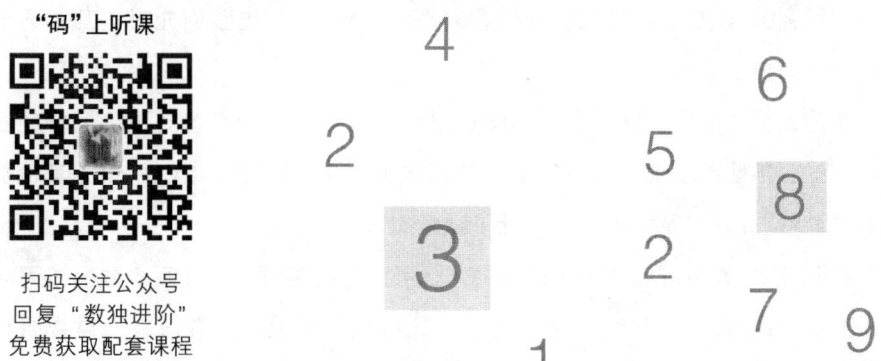

6 7 4 3 2 9 8 1 5

> **本章知识点**

1. 对数独的高级解题技巧进行巩固性复习；
2. 学习用2~3个高级技巧解出数字结果。

> **学习目标**

1. 熟练掌握并应用所学的高级技巧，能够独立观察并标注；
2. 学会用2~3个高级技巧组合解出数字；
3. 可以解决高级难度的标准数独题。

在本章之前，我们已经学习了几个高级的解题技巧，主要包括宫内数组占位法、行列数对/数组占位法，显性数对/数组技巧。首先我们先对这几种方法进行一个简要的复习。

宫内数组占位法：通过宫内排除可以得到某三个数的可填范围为同样的三格，则这三格便形成隐性三维数组，起到占位作用，排除了这三格填入其他数字的可能性。（四维及以上数组在此不做考虑）。

行列数对/数组占位法：通过行列排除可以得到某两个数（三个数）的可填范围为同样的两格（三格），则这两格（三格）便形成隐性数对（三维数组），起到占位作用，排除了这两个格（三格）填入其他数字的可能性。

显性数对/数组：通过对同区域内的两格（三格）进行唯余排查，可以得到其全部候选数只包含同样的两个数（三个数），则这两格（三格）便形成显性数对（三维数组），起到排除作用，排除了其共同影响区域内的其余空格填入这两个数（三个数）的可能性。

上两章重点学习内容是数对/数组的显隐性关系。通过基本排除而得到的数对/数组即为隐性，其作用是占位，排除格内填入其余数字的可能；通过唯余排查候选数的方式得到的数对/数组即为显性，排除了共同影响区域内其余空格填入某些数的可能性。一般显性的观察难度较大，但为了降低数组的维度，有时选用显性的角度更佳。那么本章，我们将学习如何将2~3个高级技巧结合起来，经多步推导后得出结果。

一、高级组合技巧示意图

我们来看图12-1中的例子，大家可以试着从显隐性数对/数组的角度解出本题的数字线索。

首先，我们通过宫内排除可以得到二宫中的隐性数组3、7、8分布在B4、B5、C4；由唯余排查候选数的角度可以得到七宫中的显性数对6、9分布在H2、H3；接下来我们对H4格进行唯余排查，发现该格的候选数恰为7、8，这无形中与同列中的B4、C4构成了三维数组，如图12-2所示。

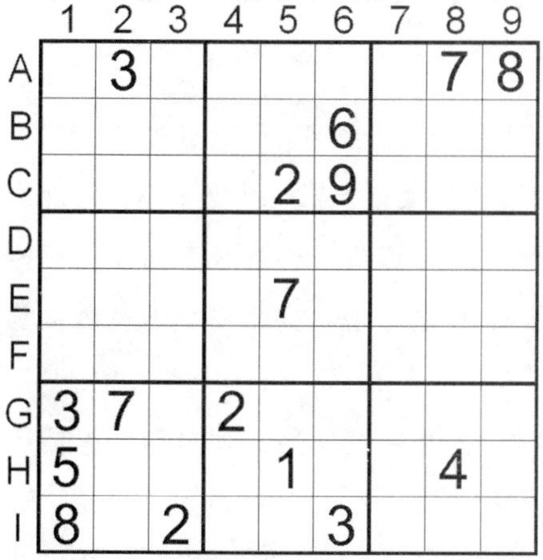

图12-1

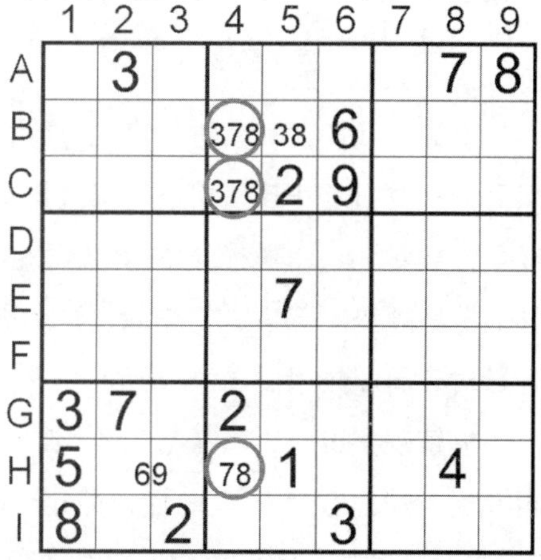

图12-2

4列中的3、7、8数组意味着同列的其余空格均不再有填入3、7、8三个数的可能性,而恰巧H4格也不能填3,也就是说,4列中的3只可能填在B4、C4两格。换言之,B4、C4两格必有其一是3,这正巧也排除了二宫内其余空格填入3的可能性,而B5格原先的候选数3也可以排除掉了,得到B5 =8,如图12-3所示。

当然本例也可以先通过排除得到二宫7的区块,再对H4使用唯余法,可以得到H4 =8。这里主要为大家呈现如何结合使用多种高级技巧,填出数字。

我们再来看一例,如图12-4所示。请大家先思考片刻,尝试使用显隐性数对/数组解出数字。

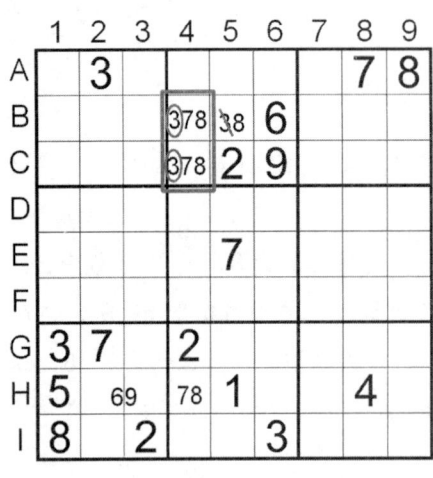

图 12-3 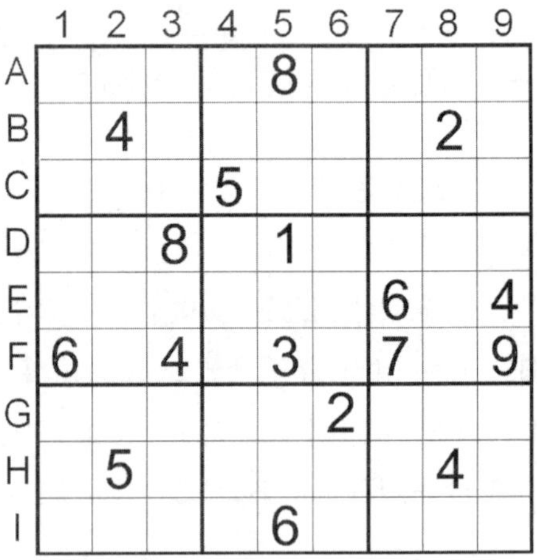   图 12-4

首先,我们对五宫进行宫内排除,可以得到隐性数对4、6分布在D4、D6;然后分别对B5、H5两格进行唯余排查,可以得到其候选数均为7和9,由此形成显性数对7、9,该数对的主要作用是排除5列中其余空格填入7和9的可能性。于是顺势对五宫进行排除,再考虑数对4、6的占位作用,得到五宫内的隐性数对7、9,如图12-5所示。

继续观察五宫,有了数对4、6和数对7、9的占位作用,则这四个格便不再有填入其他数字的可能性,即剩余三个空格E5、F4、F6对应数字为2、5、8。进一步对这三个空格进行排除可以得到8的区块:F4、F6,由此区块横向排除可以得到六宫中的8,即E8 =8。如图12-6所示。

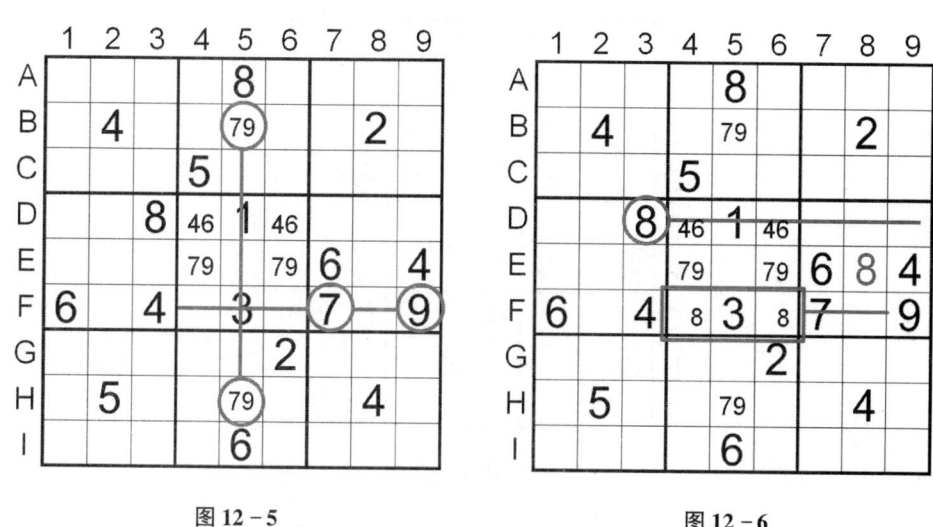

图 12-5   图 12-6

以上两例讲解了解题中如何灵活地连续使用数对/数组进行解题的技巧。当然此解题方法在这里不一定是最好的,但一定是符合逻辑的。在实际做题中若遇到卡点找不到合适的解题方法,不妨先将所得到的数对和数组标注一下,说不定结果就会在自然标注中得到。

二、真题卡点讲解

下面我们在实战中体会技巧组合的"乐趣",如图 12-7 所示。本题至此用基本排除法和唯余法已无从求解,我们试着先对得到的数对区块等做自然标注。二宫中,宫内排除可以得到隐性数对 4、8 分布在 A5、C5,此数对的占位作用使得这两格不再有填入其余数字的可能性。然后我们再对 C 行进行行列排除,考虑到 C5 格已被占位,C 行的 2 和 7 只可能填在 C1、C2 两格,从而形成 C 行中的隐性数对 2、7 分布在 C1、C2。有了此数对的占位作用,我们回看一宫,经排除可以得到 A1=4,这里用到了行列数对宫占位的情况。这里我们主要运用了隐性宫内数对和隐性行列数对的技巧相结合的方法,通过两次占位作用,解出具体数字。

	1	2	3	4	5	6	7	8	9
A	4	1	6		48			7	
B	8				1				6
C		27	9	3	48	6	1		
D			4	8		9	6		2
E		8						9	
F	9	6	2	1		4	8		
G			3	4		8	5	6	
H	6				2				3
I		4						2	

图 12－7

三、例题详解

下面我们一起来完成图 12－8 的例题。这道题有一个明显的特点，有一些宫是“全空”的，并且已知数较少且集中，这种结构无形中为我们的解题带来了不小的观察难度。我们依旧选择从基本排除和唯余法入手解题。唯余可得 E7 =5；宫内排除可得 F6 =7，B4 =5；然后对 D 行进行行列排除可解得 D5 = 5；宫内排除可依次得到 C5 =4，E4 =4；继续宫内排除可以依次得到 D4 =1，E3 =1。如图 12－9 所示。

	1	2	3	4	5	6	7	8	9
A				2	7				
B			8		6	1			
C		5		8					
D	4		7					8	
E	9	3						7	2
F		2					1		4
G						5		1	
H				7	1		6		
I					3	4			

图 12－8

	1	2	3	4	5	6	7	8	9
A				2	7				
B			8	5	6	1			
C		5		8	4				
D	4		7	1	5			8	
E	9	3	1	4			5	7	2
F		2				7	1		4
G						5		1	
H				7	1		6		
I					3	4			

图 12－9

对五宫继续进行宫内排除可依次解出剩余所有空格，随即补全5列；宫内排除可得H6 =8，F1 =8，随即依次补全四宫、F行剩余空格，如图12－10所示。

至此，基本排除和唯余法已解尽。我们此时通过对三宫区块的自然标注，发现1和6的区块“重合”，由此形成隐性数对1、6。有了该数对的占位，排除了A9、C9两格填入其余数字的可能性，顺势再对三宫进行排除，可以得到A7 =8，A8 =5。至此进入卡点，基本的方法在这里均已“失效”。我们考虑通过对数对/数组的技巧结合突破卡点。观察I行，通过行列排除可以得到隐性数组1、5、8分布在I1、I2、I9。有了该数组的占位作用，这三格将不再有填入其余数字的可能性。于是我们利用此数组在宫内的占位，可以得到七宫中7的区块：G1、G2，由此区块横向排除，可解出I7 =7，如图12－11所示。至此，通过行列隐性数组和区块的技巧组合突破了卡点。

	1	2	3	4	5	6	7	8	9
A				2	7				
B			8	5	6	1			
C		5		8	4				
D	4	6	7	1	5	2		8	
E	9	3	1	4	8	6	5	7	2
F	8	2	5	3	9	7	1	6	4
G					2	5		1	
H				7	1	8	6		
I					3	4			

图12－10

	1	2	3	4	5	6	7	8	9
A				2	7		8	5	16
B			8	5	6	1			
C		5		8	4				16
D	4	6	7	1	5	2		8	
E	9	3	1	4	8	6	5	7	2
F	8	2	5	3	9	7	1	6	4
G	7				2	5		1	
H				7	1	8	6		
I	15	18			3	4	7		58

图12－11

卡点已解除，我们回归基本解法。三宫中，考虑数对1、6的占位作用，排除易得B9 =7，顺势解出一宫中C1 =7，随即向下解锁七宫中7的区块；接着宫内排除可解出全盘的8，于是无形中解锁了I行中的数组1、5、8；然后宫内排除可得A2 =1；随即解锁三宫中的数对1、6。如图12－12所示。

本题后面的难度就不大了，大家可以自行练习解答，答案如图12－13所示。

	1	2	3	4	5	6	7	8	9
A		1		2	7		8	5	6
B			8	5	6	1			7
C	7	5		8	4				1
D	4	6	7	1	5	2		8	
E	9	3	1	4	8	6	5	7	2
F	8	2	5	3	9	7	1	6	4
G		7			2	5		1	8
H				7	1	8	6		
I	1	8			3	4	7		5

图 12－12

	1	2	3	4	5	6	7	8	9
A	3	1	4	2	7	9	8	5	6
B	2	9	8	5	6	1	3	4	7
C	7	5	6	8	4	3	2	9	1
D	4	6	7	1	5	2	9	8	3
E	9	3	1	4	8	6	5	7	2
F	8	2	5	3	9	7	1	6	4
G	6	7	3	9	2	5	4	1	8
H	5	4	2	7	1	8	6	3	9
I	1	8	9	6	3	4	7	2	5

图 12－13

四、本章总结

本章我们主要对这一阶段所学的高级技巧做了一个组合性讲解，即显隐性数对/数组的结合使用情况。在实际解题中，需明确数对/数组的两个基本作用：（1）排除数组所在格填入其余数字的可能性；（2）排除数组共同影响区域其余空格填入该数组的可能。我们所得到的数对/数组，一个作为条件，一个便自然作为结果，由此便得到“排除后得占位，唯余后得排除”这样的一句口诀。

在实战解题过程中，我们经常会遇到连续使用数对/数组的情况，这时需要及时对所得到的数对/数组结果做相应标注，使得线索全面而不乱。解题过程中不一定要刻意去寻求某些特定技巧的组合，而是在自然而然的标注中，发现新的线索。一组标注过后，稍加排除或唯余，又会得到一组新的标注。我们正需要在这种连续的标注下，自然地将各种中高级技巧结合起来，“同心协力”地攻克难关！

五、本章练习题

第 91 题　　　用时：_____

	8	6				3		
		3				9		6
2		9				4		
	9	5						
7								8
						7	6	
	5				2			4
6		3			5			
	4			1		2		

第 92 题　　　用时：_____

			7					9
		3	5					
		8			3			
5	2			1	8	3		
				9		2		
		9	3	4			7	8
			8				5	
					1	8		
1				6				

第 93 题　　　　用时：_____

		6				5		
3			7	9				4
		4						
3		2					9	
	1	9				6	8	
	7			1				5
				1				
4			3	9			2	
	6			8				

第 94 题　　　　用时：_____

	5			4				
6		1	2			8		
	9					7	1	
	6			5				9
3			7				5	
	8	7					6	
		4			2	3		8
			5				4	

第 95 题　　　　用时：＿＿＿＿

8	7			9	5		4	
4				6				1
						8		
								2
7	3						5	8
6								
		2						
3				1				5
	6		4	2			9	3

第 96 题　　　　用时：＿＿＿＿

7			2	8				
		5	9					
	6					1		
1	7		5		2			
3								6
			3		6		4	2
		9					8	
					9	3		
				7	3			9

第 97 题　　　用时：_____

		8		6		7		
		5		8				
1				3				4
	8					5	2	
2								3
	3	5					9	
3			1					8
			8		4			
			1		2	6		

第 98 题　　　用时：_____

			1	4	2			
				6				
		7	5					8
		6					7	5
2		9				1		6
4	1					8		
8				2	9			
			6					
			7	3	8			

第 99 题　　　用时：_____

	1	3	2				8	
2					5			4
7				4				
1							2	
		4				1		
	5							9
					5			8
5			3					6
	6					1	7	5

第 100 题　　　用时：_____

7			2			6	3	
	9				7			4
				5				1
8							7	
		5				4		
	2							8
5				9				
9			8				1	
	7	4			1			3

8
    6

7 3   2
 4

1 5 9

第十三章

综合练习

练习C　标准数独4题

（限时：50分钟）

第C1题　　　　用时：_____

			4	1				7
	7			8				
	8	2				5		6
2					9		8	
	6		3		2		9	
	4		1					2
3		7				9	6	
				3			7	
4				5	7			

第C2题　　　　用时：_____

				3	5	6		
2								5
		4				9		
	6		7		1		4	
	7						1	
	8		2		3		5	
		9				2		
3								4
				9	8	2		

第 C3 题　　　用时：＿＿＿＿

2	1			6				
						2		
4		3		1	8			
	5		9				2	
3								7
	6				4		1	
			8	2		5		3
		8						
				3		9		8

第 C4 题　　　用时：＿＿＿＿

			6	4			7	
2		8				5		
	7				2			
5		4	3					9
3					9	4		5
				5			1	
		1				7		6
	9			7	6			

练习D 标准数独6题

（限时：80分钟）

第 D1 题　　　　用时：________

1						3	9	6
5		9			1			
7			8	6			5	
	1					2		
		6				5		
		3					6	
	7			5	8			1
			4			7		5
3	4	5						8

第 D2 题　　　　用时：________

			7	1			8	
5	6	1		2				
								6
3	2				4			
8								3
			5				6	9
6								
				8		1	9	7
	8			5	7			

第 D3 题　　用时：_____

		4						1
1	8							
2				7			6	4
	6	2	7					
	3					6		
				8	5	9		
7	4		1				9	
						5	3	
3					9			

第 D4 题　　用时：_____

	7		6		4			
		8					6	3
4	6				9			
				6		3		
			4		2			
		9		5				
				9			8	5
6	1					9		
			7		6		2	

第 D5 题　　用时：_____

	2			8			6	
1		5						9
	3				9			
			7		6	8		
5								3
		7	4		3			
				5			8	
4						1		6
	1			3			4	

第 D6 题　　用时：_____

	4		7		3			
							6	4
1				5	9			
		4					1	7
				3		1		
2		3				4		
				9	3			5
	5	2						
				5		7		8

附　录
数独练习题答案

第 1 题

1	4	7	6	9	5	2	3	8
6	2	9	3	8	1	4	7	5
3	8	5	2	4	7	6	1	9
7	5	3	9	1	2	8	4	6
2	1	6	4	7	8	9	5	3
8	9	4	5	6	3	1	2	7
4	6	2	7	5	9	3	8	1
9	7	1	8	3	4	5	6	2
5	3	8	1	2	6	7	9	4

第 2 题

3	4	2	6	8	7	9	5	1
1	7	6	3	9	5	2	8	4
8	5	9	2	1	4	7	3	6
9	3	5	7	4	1	6	2	8
7	2	1	5	6	8	4	9	3
4	6	8	9	3	2	1	7	5
6	8	7	1	2	3	5	4	9
5	1	4	8	7	9	3	6	2
2	9	3	4	5	6	8	1	7

第 3 题

8	3	1	5	7	2	6	9	4
6	2	5	9	8	4	7	1	3
9	7	4	3	1	6	8	5	2
5	9	8	7	6	3	4	2	1
7	1	6	4	2	9	5	3	8
2	4	3	8	5	1	9	6	7
1	6	9	2	4	8	3	7	5
4	5	2	6	3	7	1	8	9
3	8	7	1	9	5	2	4	6

第 4 题

4	3	6	5	8	1	7	9	2
9	8	2	6	3	7	4	1	5
5	7	1	4	9	2	8	3	6
7	2	9	3	6	4	5	8	1
3	5	4	1	7	8	2	6	9
6	1	8	9	2	5	3	7	4
8	9	5	7	4	6	1	2	3
1	6	7	2	5	3	9	4	8
2	4	3	8	1	9	6	5	7

第 5 题

9	6	5	3	4	2	8	1	7
3	7	8	6	5	1	4	2	9
2	4	1	9	8	7	3	6	5
4	8	3	1	6	9	7	5	2
6	1	2	7	3	5	9	4	8
7	5	9	8	2	4	6	3	1
5	3	4	2	9	8	1	7	6
1	9	6	5	7	3	2	8	4
8	2	7	4	1	6	5	9	3

第 6 题

9	4	6	3	7	5	8	1	2
7	5	1	4	8	2	6	9	3
3	8	2	6	1	9	7	5	4
2	6	7	1	4	3	5	8	9
1	9	4	2	5	8	3	6	7
5	3	8	9	6	7	4	2	1
6	1	5	7	2	4	9	3	8
8	7	9	5	3	1	2	4	6
4	2	3	8	9	6	1	7	5

第 7 题

2	3	7	1	6	5	4	9	8
5	9	6	4	7	8	3	2	1
1	4	8	3	2	9	5	6	7
9	1	3	8	4	7	6	5	2
7	8	2	5	9	6	1	4	3
4	6	5	2	1	3	7	8	9
3	7	9	6	5	2	8	1	4
8	5	1	9	3	4	2	7	6
6	2	4	7	8	1	9	3	5

第 8 题

1	5	6	3	4	7	8	9	2
3	2	9	1	8	6	5	7	4
8	4	7	9	2	5	6	3	1
6	7	3	2	9	1	4	8	5
5	1	8	7	6	4	3	2	9
4	9	2	8	5	3	1	6	7
2	3	4	5	7	8	9	1	6
9	8	5	6	1	2	7	4	3
7	6	1	4	3	9	2	5	8

第 9 题

7	4	3	1	6	2	9	8	5
6	8	1	7	9	5	2	4	3
2	9	5	4	8	3	7	6	1
4	6	9	8	2	1	3	5	7
1	5	8	6	3	7	4	2	9
3	7	2	9	5	4	6	1	8
9	3	4	5	1	6	8	7	2
8	1	6	2	7	9	5	3	4
5	2	7	3	4	8	1	9	6

第 10 题

4	5	8	6	9	7	3	2	1
3	2	6	4	5	1	9	8	7
9	7	1	8	2	3	5	6	4
2	6	9	5	1	4	7	3	8
7	8	4	2	3	9	1	5	6
5	1	3	7	8	6	4	9	2
8	4	2	9	7	5	6	1	3
1	9	7	3	6	8	2	4	5
6	3	5	1	4	2	8	7	9

第 11 题

4	2	6	7	1	8	9	5	3
8	3	5	9	6	2	4	1	7
9	1	7	4	3	5	8	6	2
6	5	4	8	7	9	3	2	1
7	9	2	3	5	1	6	8	4
1	8	3	6	2	4	7	9	5
3	7	1	5	9	6	2	4	8
2	4	9	1	8	7	5	3	6
5	6	8	2	4	3	1	7	9

第 12 题

3	8	4	1	5	6	2	9	7
1	7	6	9	2	3	5	4	8
9	5	2	8	7	4	1	6	3
7	1	9	4	3	8	6	5	2
5	4	3	6	9	2	7	8	1
6	2	8	5	1	7	9	3	4
8	3	1	7	6	5	4	2	9
4	9	5	2	8	1	3	7	6
2	6	7	3	4	9	8	1	5

第 13 题

1	6	4	3	9	8	2	5	7
3	5	8	2	6	7	1	9	4
9	7	2	5	4	1	6	8	3
2	8	6	9	3	4	5	7	1
5	3	1	6	7	2	9	4	8
4	9	7	8	1	5	3	2	6
7	4	5	1	2	3	8	6	9
6	2	3	7	8	9	4	1	5
8	1	9	4	5	6	7	3	2

第 14 题

7	1	8	5	9	3	6	4	2
4	5	2	7	6	1	3	8	9
6	9	3	4	2	8	5	1	7
1	7	4	8	3	2	9	5	6
5	2	9	1	4	6	8	7	3
8	3	6	9	7	5	4	2	1
9	8	1	3	5	7	2	6	4
2	4	5	6	1	9	7	3	8
3	6	7	2	8	4	1	9	5

第 15 题

7	3	6	9	5	8	4	1	2
4	8	9	3	1	2	6	7	5
1	5	2	7	4	6	9	3	8
3	1	8	5	6	7	2	4	9
6	9	4	2	8	1	7	5	3
2	7	5	4	9	3	8	6	1
8	6	3	1	7	9	5	2	4
9	4	1	6	2	5	3	8	7
5	2	7	8	3	4	1	9	6

第 16 题

9	8	6	3	2	5	4	7	1
4	3	7	1	9	8	6	5	2
5	1	2	7	4	6	9	8	3
3	6	9	4	5	1	7	2	8
2	7	5	6	8	3	1	9	4
1	4	8	9	7	2	3	6	5
6	5	4	2	1	9	8	3	7
8	9	1	5	3	7	2	4	6
7	2	3	8	6	4	5	1	9

第 17 题

5	8	9	4	2	6	7	1	3
7	4	1	9	5	3	6	8	2
2	6	3	8	1	7	4	9	5
1	3	5	6	9	2	8	7	4
4	2	7	1	3	8	5	6	9
8	9	6	7	4	5	3	2	1
3	1	8	2	7	4	9	5	6
6	5	2	3	8	9	1	4	7
9	7	4	5	6	1	2	3	8

第 18 题

3	4	6	9	2	5	8	7	1
8	9	7	3	4	1	5	6	2
2	5	1	7	6	8	9	3	4
6	8	2	5	1	7	4	9	3
1	7	9	4	8	3	6	2	5
4	3	5	6	9	2	1	8	7
5	1	8	2	3	6	7	4	9
7	2	4	8	5	9	3	1	6
9	6	3	1	7	4	2	5	8

第 19 题

8	6	7	1	5	2	4	9	3
1	4	2	3	8	9	5	6	7
5	3	9	6	7	4	1	8	2
6	8	4	2	3	5	7	1	9
9	2	1	4	6	7	3	5	8
7	5	3	8	9	1	6	2	4
3	7	5	9	2	6	8	4	1
4	9	6	7	1	8	2	3	5
2	1	8	5	4	3	9	7	6

第 20 题

7	2	8	9	3	6	5	4	1
4	3	9	5	1	2	8	6	7
5	1	6	7	4	8	2	9	3
9	5	3	8	7	1	6	2	4
2	8	7	4	6	3	1	5	9
6	4	1	2	5	9	7	3	8
1	6	2	3	9	7	4	8	5
8	9	4	1	2	5	3	7	6
3	7	5	6	8	4	9	1	2

第 21 题

9	5	2	7	6	8	4	3	1
3	7	1	9	4	5	6	2	8
6	8	4	2	1	3	7	9	5
4	1	9	6	3	7	8	5	2
7	2	3	5	8	9	1	4	6
5	6	8	4	2	1	3	7	9
2	3	5	8	7	6	9	1	4
1	9	6	3	5	4	2	8	7
8	4	7	1	9	2	5	6	3

第 22 题

9	5	2	7	6	3	8	4	1
1	6	4	2	8	9	5	3	7
8	7	3	4	5	1	2	9	6
7	1	9	3	2	6	4	8	5
4	2	5	9	1	8	7	6	3
6	3	8	5	4	7	9	1	2
3	4	7	6	9	2	1	5	8
5	8	6	1	7	4	3	2	9
2	9	1	8	3	5	6	7	4

第 23 题

1	4	6	5	8	3	9	2	7
7	3	8	9	4	2	1	5	6
2	5	9	7	6	1	8	4	3
8	7	3	2	5	4	6	9	1
5	9	4	1	7	6	2	3	8
6	1	2	3	9	8	5	7	4
4	6	7	8	2	5	3	1	9
3	8	5	4	1	9	7	6	2
9	2	1	6	3	7	4	8	5

第 24 题

8	2	3	5	9	7	1	4	6
9	7	6	1	2	4	3	5	8
4	5	1	8	6	3	7	9	2
3	4	2	7	1	8	5	6	9
7	9	8	6	4	5	2	3	1
6	1	5	2	3	9	8	7	4
5	8	4	9	7	1	6	2	3
2	3	7	4	8	6	9	1	5
1	6	9	3	5	2	4	8	7

第 25 题

6	8	9	4	7	1	5	3	2
2	1	7	3	9	5	8	6	4
4	3	5	2	8	6	1	9	7
9	4	2	7	1	3	6	8	5
1	5	6	8	4	9	7	2	3
8	7	3	5	6	2	4	1	9
3	6	8	9	5	7	2	4	1
7	2	4	1	3	8	9	5	6
5	9	1	6	2	4	3	7	8

第 26 题

9	2	5	7	6	8	1	3	4
4	8	1	3	5	9	7	2	6
3	6	7	2	4	1	8	5	9
7	1	3	5	2	4	6	9	8
8	9	2	1	7	6	5	4	3
5	4	6	9	8	3	2	1	7
2	7	8	4	3	5	9	6	1
6	3	9	8	1	2	4	7	5
1	5	4	6	9	7	3	8	2

第 27 题

9	2	3	6	4	5	7	8	1
4	5	7	8	2	1	6	9	3
6	8	1	3	9	7	2	5	4
1	9	5	2	3	8	4	7	6
8	4	2	9	7	6	3	1	5
7	3	6	5	1	4	8	2	9
2	6	8	4	5	9	1	3	7
5	7	4	1	8	3	9	6	2
3	1	9	7	6	2	5	4	8

第 28 题

5	3	6	1	8	9	2	7	4
8	2	7	5	4	3	9	6	1
4	1	9	6	2	7	3	5	8
7	4	1	8	3	5	6	9	2
9	8	3	2	6	4	7	1	5
6	5	2	9	7	1	4	8	3
2	9	5	4	1	6	8	3	7
1	7	4	3	9	8	5	2	6
3	6	8	7	5	2	1	4	9

第 29 题

1	6	8	2	3	5	7	4	9
3	7	2	8	4	9	6	1	5
9	5	4	7	6	1	8	3	2
4	9	1	5	2	7	3	8	6
7	3	6	9	8	4	5	2	1
2	8	5	3	1	6	9	7	4
6	2	7	4	9	8	1	5	3
5	1	3	6	7	2	4	9	8
8	4	9	1	5	3	2	6	7

第 30 题

1	2	8	3	5	7	4	6	9
3	6	9	4	1	2	8	5	7
4	5	7	9	8	6	1	2	3
6	7	1	2	3	9	5	8	4
8	4	3	5	6	1	9	7	2
5	9	2	7	4	8	3	1	6
2	8	4	1	7	3	6	9	5
7	1	5	6	9	4	2	3	8
9	3	6	8	2	5	7	4	1

第 31 题

8	3	6	5	7	2	9	1	4
7	4	9	8	1	6	2	5	3
1	2	5	9	3	4	6	8	7
3	8	7	6	4	1	5	2	9
4	6	1	2	5	9	7	3	8
5	9	2	3	8	7	4	6	1
6	5	8	4	9	3	1	7	2
9	7	3	1	2	5	8	4	6
2	1	4	7	6	8	3	9	5

第 32 题

8	9	2	5	4	3	6	1	7
1	4	6	9	7	2	3	8	5
3	7	5	8	6	1	9	4	2
2	8	3	6	5	7	1	9	4
6	5	7	1	9	4	2	3	8
9	1	4	2	3	8	7	5	6
7	3	9	4	2	5	8	6	1
5	6	8	7	1	9	4	2	3
4	2	1	3	8	6	5	7	9

第 33 题

7	9	6	3	1	5	4	8	2
8	2	3	6	4	7	9	5	1
1	4	5	2	9	8	7	6	3
2	3	4	1	8	9	6	7	5
9	8	7	5	6	2	3	1	4
6	5	1	7	3	4	2	9	8
5	1	9	4	7	3	8	2	6
4	7	2	8	5	6	1	3	9
3	6	8	9	2	1	5	4	7

第 34 题

8	5	6	9	1	2	7	3	4
7	9	4	5	3	8	6	1	2
3	1	2	4	7	6	5	9	8
6	4	8	3	2	7	9	5	1
1	2	3	8	5	9	4	7	6
5	7	9	6	4	1	8	2	3
2	8	1	7	6	5	3	4	9
9	3	7	1	8	4	2	6	5
4	6	5	2	9	3	1	8	7

第 35 题

7	3	5	8	1	6	4	2	9
1	2	4	9	7	5	6	3	8
6	8	9	4	2	3	7	5	1
3	7	6	1	5	9	8	4	2
4	5	1	6	8	2	3	9	7
8	9	2	3	4	7	1	6	5
9	1	3	5	6	8	2	7	4
2	6	8	7	9	4	5	1	3
5	4	7	2	3	1	9	8	6

第 36 题

8	9	4	1	7	2	3	5	6
2	1	6	3	5	4	8	9	7
7	3	5	6	8	9	2	4	1
6	2	3	5	9	1	7	8	4
5	8	1	7	4	6	9	3	2
9	4	7	8	2	3	1	6	5
4	5	9	2	1	8	6	7	3
3	7	2	9	6	5	4	1	8
1	6	8	4	3	7	5	2	9

第 37 题

6	5	4	8	2	9	1	7	3
8	7	2	4	3	1	5	9	6
9	3	1	6	5	7	8	4	2
2	6	5	3	9	4	7	8	1
1	9	7	5	6	8	2	3	4
4	8	3	7	1	2	6	5	9
5	2	8	1	4	3	9	6	7
7	4	9	2	8	6	3	1	5
3	1	6	9	7	5	4	2	8

第 38 题

3	7	8	4	1	9	2	6	5
2	6	5	3	7	8	9	4	1
4	1	9	6	5	2	3	8	7
5	8	3	1	9	4	7	2	6
6	9	1	5	2	7	4	3	8
7	2	4	8	3	6	5	1	9
8	4	7	9	6	3	1	5	2
1	3	2	7	8	5	6	9	4
9	5	6	2	4	1	8	7	3

第 39 题

5	8	9	2	3	7	1	4	6
4	2	7	6	5	1	3	8	9
1	3	6	4	8	9	7	2	5
2	1	5	3	9	6	8	7	4
8	9	3	7	4	5	2	6	1
6	7	4	8	1	2	9	5	3
9	5	8	1	7	4	6	3	2
7	4	2	9	6	3	5	1	8
3	6	1	5	2	8	4	9	7

第 40 题

4	5	3	1	6	9	7	8	2
7	1	8	2	5	4	6	9	3
2	6	9	8	7	3	1	4	5
5	9	6	4	2	1	3	7	8
8	3	7	5	9	6	4	2	1
1	2	4	3	8	7	9	5	6
3	8	1	7	4	2	5	6	9
9	7	5	6	3	8	2	1	4
6	4	2	9	1	5	8	3	7

第 A1 题

6	5	9	1	4	2	3	8	7
4	7	1	8	3	6	5	2	9
8	2	3	7	9	5	4	1	6
2	3	8	6	7	1	9	4	5
1	4	6	3	5	9	2	7	8
7	9	5	4	2	8	1	6	3
5	8	7	2	1	3	6	9	4
3	6	2	9	8	4	7	5	1
9	1	4	5	6	7	8	3	2

第 A2 题

4	1	9	7	5	3	2	6	8
7	2	8	4	6	1	9	3	5
6	5	3	9	8	2	7	1	4
8	3	5	2	4	9	1	7	6
9	7	1	6	3	5	4	8	2
2	4	6	8	1	7	5	9	3
3	6	2	1	9	4	8	5	7
5	9	7	3	2	8	6	4	1
1	8	4	5	7	6	3	2	9

6 7 4 3 2 9 8 1 5

第 A3 题

1	4	5	8	9	3	7	2	6
2	7	6	1	5	4	8	3	9
8	9	3	2	7	6	5	1	4
5	3	4	7	6	8	1	9	2
9	1	8	4	3	2	6	7	5
7	6	2	9	1	5	4	8	3
3	5	1	6	8	9	2	4	7
6	2	7	3	4	1	9	5	8
4	8	9	5	2	7	3	6	1

第 A4 题

8	4	7	6	9	2	3	5	1
3	2	1	4	5	7	8	6	9
6	9	5	1	8	3	4	7	2
1	7	6	2	4	9	5	8	3
2	3	9	8	6	5	7	1	4
4	5	8	3	7	1	9	2	6
7	8	4	9	2	6	1	3	5
9	1	2	5	3	8	6	4	7
5	6	3	7	1	4	2	9	8

第 B1 题

8	5	3	2	1	4	6	9	7
7	2	1	3	9	6	5	8	4
4	9	6	7	5	8	2	1	3
5	8	7	6	3	1	9	4	2
1	3	9	4	2	5	8	7	6
6	4	2	8	7	9	1	3	5
2	1	5	9	4	7	3	6	8
9	7	8	5	6	3	4	2	1
3	6	4	1	8	2	7	5	9

第 B2 题

4	3	6	1	7	9	5	2	8
5	8	1	3	2	6	4	9	7
9	2	7	8	4	5	3	1	6
1	5	4	2	6	7	8	3	9
8	9	3	5	1	4	6	7	2
6	7	2	9	3	8	1	4	5
2	4	8	6	9	3	7	5	1
3	6	9	7	5	1	2	8	4
7	1	5	4	8	2	9	6	3

第 B3 题

1	8	7	6	3	9	2	5	4
6	4	2	1	7	5	8	9	3
5	9	3	2	4	8	7	6	1
3	5	8	9	1	7	6	4	2
9	2	1	4	6	3	5	7	8
7	6	4	5	8	2	3	1	9
8	3	9	7	5	1	4	2	6
4	1	5	3	2	6	9	8	7
2	7	6	8	9	4	1	3	5

第 B4 题

9	2	1	4	5	8	6	3	7
4	6	5	2	3	7	9	8	1
7	8	3	9	1	6	2	4	5
3	4	8	1	2	5	7	6	9
6	9	2	8	7	3	5	1	4
5	1	7	6	9	4	8	2	3
2	7	6	3	4	9	1	5	8
8	3	9	5	6	1	4	7	2
1	5	4	7	8	2	3	9	6

第B5题

2	6	5	3	8	9	1	4	7
8	7	1	4	2	5	3	6	9
3	4	9	7	1	6	2	5	8
9	3	7	6	4	1	5	8	2
5	1	2	8	9	3	4	7	6
4	8	6	5	7	2	9	3	1
7	2	3	1	6	4	8	9	5
1	5	8	9	3	7	6	2	4
6	9	4	2	5	8	7	1	3

第B6题

4	6	5	2	9	8	7	3	1
7	2	8	3	1	6	4	9	5
1	3	9	7	5	4	8	2	6
8	9	1	5	2	7	3	6	4
6	4	3	1	8	9	5	7	2
5	7	2	6	4	3	1	8	9
9	5	4	8	3	2	6	1	7
2	8	6	4	7	1	9	5	3
3	1	7	9	6	5	2	4	8

第41题

2	3	4	1	8	9	6	5	7
8	7	5	6	2	4	1	3	9
6	1	9	7	3	5	8	2	4
7	4	3	8	6	1	2	9	5
5	8	2	3	9	7	4	6	1
9	6	1	5	4	2	7	8	3
3	9	8	4	1	6	5	7	2
1	2	7	9	5	8	3	4	6
4	5	6	2	7	3	9	1	8

第42题

5	7	3	2	9	6	8	4	1
6	4	9	5	8	1	7	2	3
2	1	8	7	3	4	9	6	5
4	6	1	9	7	3	5	8	2
3	5	2	1	6	8	4	9	7
8	9	7	4	2	5	1	3	6
1	3	5	6	4	9	2	7	8
7	8	4	3	1	2	6	5	9
9	2	6	8	5	7	3	1	4

第43题

4	8	2	5	7	6	9	3	1
1	6	9	3	2	4	5	7	8
5	3	7	1	8	9	2	4	6
8	2	1	6	5	3	4	9	7
7	9	4	8	1	2	3	6	5
3	5	6	9	4	7	8	1	2
9	1	8	7	3	5	6	2	4
6	4	5	2	9	1	7	8	3
2	7	3	4	6	8	1	5	9

第44题

7	3	2	8	1	5	9	6	4
4	1	6	9	7	3	2	5	8
5	9	8	4	2	6	1	3	7
1	2	9	5	6	4	8	7	3
6	5	7	3	8	1	4	2	9
3	8	4	7	9	2	5	1	6
2	4	1	6	3	9	7	8	5
9	7	3	2	5	8	6	4	1
8	6	5	1	4	7	3	9	2

第 45 题

7	8	1	9	2	5	3	6	4
6	9	5	1	3	4	8	7	2
3	4	2	8	7	6	1	9	5
9	3	4	6	1	7	2	5	8
1	7	6	5	8	2	9	4	3
2	5	8	4	9	3	6	1	7
5	2	9	7	6	8	4	3	1
4	6	3	2	5	1	7	8	9
8	1	7	3	4	9	5	2	6

第 46 题

5	8	1	6	9	7	2	4	3
7	6	2	3	8	4	5	1	9
9	4	3	5	2	1	6	8	7
6	9	4	1	7	2	8	3	5
3	2	7	8	5	6	1	9	4
1	5	8	9	4	3	7	2	6
8	7	9	2	3	5	4	6	1
4	3	6	7	1	8	9	5	2
2	1	5	4	6	9	3	7	8

第 47 题

4	2	1	8	5	6	7	9	3
3	6	8	9	4	7	1	2	5
5	7	9	1	2	3	6	8	4
7	1	5	3	6	9	8	4	2
8	4	6	5	1	2	3	7	9
2	9	3	4	7	8	5	6	1
6	3	2	7	9	5	4	1	8
1	5	7	2	8	4	9	3	6
9	8	4	6	3	1	2	5	7

第 48 题

1	2	7	4	6	8	3	9	5
4	6	3	5	7	9	8	1	2
8	5	9	1	3	2	6	7	4
5	1	8	6	9	3	2	4	7
6	7	4	2	5	1	9	3	8
9	3	2	7	8	4	1	5	6
2	4	6	3	1	5	7	8	9
3	8	5	9	2	7	4	6	1
7	9	1	8	4	6	5	2	3

第 49 题

3	6	7	1	9	5	8	4	2
8	9	1	4	7	2	3	6	5
5	4	2	6	3	8	7	1	9
1	7	8	2	5	3	6	9	4
4	5	6	7	1	9	2	8	3
2	3	9	8	6	4	5	7	1
6	2	4	5	8	1	9	3	7
7	1	3	9	2	6	4	5	8
9	8	5	3	4	7	1	2	6

第 50 题

8	6	3	1	5	7	4	9	2
5	4	7	2	9	8	1	3	6
1	2	9	6	3	4	8	5	7
6	5	2	4	7	1	9	8	3
9	3	8	5	2	6	7	1	4
7	1	4	3	8	9	2	6	5
2	7	5	8	1	3	6	4	9
3	8	6	9	4	2	5	7	1
4	9	1	7	6	5	3	2	8

第51题

9	1	8	3	2	4	6	5	7
2	5	3	6	1	7	9	8	4
6	4	7	8	5	9	3	1	2
3	9	1	2	8	6	4	7	5
5	7	2	9	4	3	1	6	8
8	6	4	5	7	1	2	3	9
1	3	5	4	9	8	7	2	6
7	2	9	1	6	5	8	4	3
4	8	6	7	3	2	5	9	1

第52题

4	5	8	2	1	9	3	7	6
7	1	9	8	3	6	2	4	5
6	2	3	5	7	4	9	8	1
3	7	5	6	2	8	1	9	4
1	4	6	7	9	5	8	3	2
8	9	2	3	4	1	6	5	7
2	8	4	9	6	7	5	1	3
9	6	1	4	5	3	7	2	8
5	3	7	1	8	2	4	6	9

第53题

3	5	8	1	2	9	7	4	6
2	7	6	5	4	3	9	1	8
1	9	4	7	8	6	5	2	3
5	6	1	3	9	2	8	7	4
4	2	3	8	1	7	6	9	5
9	8	7	4	6	5	2	3	1
7	3	9	6	5	1	4	8	2
8	1	5	2	7	4	3	6	9
6	4	2	9	3	8	1	5	7

第54题

5	6	1	2	8	9	4	3	7
9	4	7	6	3	5	2	1	8
8	2	3	7	4	1	9	5	6
3	5	8	9	6	4	7	2	1
1	9	2	5	7	8	6	4	3
6	7	4	3	1	2	8	9	5
4	3	9	8	5	7	1	6	2
2	8	5	1	9	6	3	7	4
7	1	6	4	2	3	5	8	9

第55题

8	9	4	2	7	3	1	6	5
1	6	2	5	8	9	7	3	4
5	3	7	6	1	4	8	9	2
2	8	6	3	4	1	9	5	7
7	1	9	8	5	6	4	2	3
3	4	5	9	2	7	6	8	1
9	7	8	1	3	2	5	4	6
6	2	1	4	9	5	3	7	8
4	5	3	7	6	8	2	1	9

第56题

5	7	1	9	8	2	4	3	6
6	9	8	4	5	3	1	7	2
2	4	3	7	6	1	5	9	8
4	5	2	1	3	6	9	8	7
8	3	6	5	7	9	2	1	4
9	1	7	2	4	8	3	6	5
1	2	4	6	9	7	8	5	3
3	6	9	8	2	5	7	4	1
7	8	5	3	1	4	6	2	9

第 57 题

9	1	6	3	2	4	8	7	5
3	8	4	5	7	9	2	1	6
7	2	5	6	8	1	9	3	4
1	5	9	4	3	7	6	2	8
4	7	3	2	6	8	1	5	9
2	6	8	1	9	5	3	4	7
5	9	1	8	4	2	7	6	3
8	3	2	7	5	6	4	9	1
6	4	7	9	1	3	5	8	2

第 58 题

1	2	6	7	3	4	5	8	9
5	4	3	8	6	9	2	7	1
7	9	8	2	5	1	3	6	4
9	6	5	1	8	2	4	3	7
8	3	4	9	7	5	1	2	6
2	1	7	6	4	3	8	9	5
6	7	2	5	1	8	9	4	3
4	5	9	3	2	7	6	1	8
3	8	1	4	9	6	7	5	2

第 59 题

9	6	7	2	4	1	5	3	8
4	3	1	8	6	5	7	2	9
8	2	5	3	7	9	6	4	1
1	4	6	5	3	2	9	8	7
2	9	3	7	1	8	4	5	6
5	7	8	4	9	6	2	1	3
3	1	4	6	2	7	8	9	5
7	5	9	1	8	4	3	6	2
6	8	2	9	5	3	1	7	4

第 60 题

7	5	3	4	6	1	2	8	9
8	2	4	9	5	3	7	6	1
1	6	9	8	2	7	3	5	4
5	4	1	7	3	9	6	2	8
6	3	8	5	4	2	1	9	7
2	9	7	1	8	6	4	3	5
9	8	6	2	1	4	5	7	3
3	1	5	6	7	8	9	4	2
4	7	2	3	9	5	8	1	6

第 61 题

4	1	6	8	7	9	3	5	2
3	9	7	1	5	2	8	4	6
5	8	2	6	4	3	1	7	9
2	3	8	5	9	7	4	6	1
7	6	4	2	1	8	9	3	5
9	5	1	4	3	6	7	2	8
8	7	5	3	2	1	6	9	4
1	4	9	7	6	5	2	8	3
6	2	3	9	8	4	5	1	7

第 62 题

3	2	6	5	7	1	8	4	9
8	4	7	3	9	6	5	1	2
5	9	1	8	2	4	6	7	3
6	7	2	9	5	8	4	3	1
4	1	3	2	6	7	9	8	5
9	5	8	1	4	3	7	2	6
7	8	5	6	1	2	3	9	4
2	6	4	7	3	9	1	5	8
1	3	9	4	8	5	2	6	7

第 63 题

6	1	3	5	9	2	8	7	4
7	5	4	8	1	3	6	9	2
2	8	9	7	4	6	5	3	1
3	6	1	4	5	8	9	2	7
5	2	7	1	6	9	4	8	3
4	9	8	2	3	7	1	5	6
9	7	2	6	8	4	3	1	5
1	3	6	9	7	5	2	4	8
8	4	5	3	2	1	7	6	9

第 64 题

2	9	1	7	8	6	4	5	3
8	3	4	9	2	5	7	6	1
6	7	5	1	3	4	8	9	2
7	5	6	2	1	8	3	4	9
1	2	8	3	4	9	6	7	5
9	4	3	5	6	7	1	2	8
5	8	9	4	7	1	2	3	6
4	6	2	8	5	3	9	1	7
3	1	7	6	9	2	5	8	4

第 65 题

3	7	2	6	5	4	8	9	1
4	6	1	9	3	8	5	2	7
8	9	5	2	7	1	4	3	6
9	4	7	1	6	3	2	8	5
1	2	8	5	4	7	9	6	3
5	3	6	8	9	2	1	7	4
2	5	4	7	8	6	3	1	9
6	8	9	3	1	5	7	4	2
7	1	3	4	2	9	6	5	8

第 66 题

2	1	9	7	5	8	6	3	4
5	3	6	2	9	4	1	7	8
7	8	4	6	1	3	5	9	2
1	6	5	4	7	2	9	8	3
3	7	8	5	6	9	2	4	1
4	9	2	8	3	1	7	5	6
8	5	1	9	4	6	3	2	7
9	2	3	1	8	7	4	6	5
6	4	7	3	2	5	8	1	9

第 67 题

2	7	5	1	3	9	4	6	8
4	1	3	5	8	6	2	9	7
8	6	9	7	2	4	1	3	5
7	9	1	4	5	2	6	8	3
5	4	6	3	1	8	7	2	9
3	8	2	6	9	7	5	4	1
9	3	7	2	4	5	8	1	6
1	5	4	8	6	3	9	7	2
6	2	8	9	7	1	3	5	4

第 68 题

7	6	5	2	4	3	9	1	8
8	3	4	1	6	9	2	7	5
2	1	9	5	8	7	6	4	3
1	9	3	6	5	4	8	2	7
4	8	2	7	9	1	3	5	6
5	7	6	8	3	2	4	9	1
3	5	1	9	2	6	7	8	4
9	4	7	3	1	8	5	6	2
6	2	8	4	7	5	1	3	9

第 69 题

9	8	5	7	4	1	2	3	6
3	7	4	6	9	2	8	1	5
6	1	2	5	8	3	4	9	7
2	3	8	9	7	6	5	4	1
5	9	1	2	3	4	7	6	8
4	6	7	1	5	8	9	2	3
1	5	6	4	2	7	3	8	9
8	2	9	3	1	5	6	7	4
7	4	3	8	6	9	1	5	2

第 70 题

2	8	7	4	6	9	5	1	3
6	5	3	2	8	1	7	4	9
1	9	4	5	7	3	2	8	6
3	2	9	1	4	7	8	6	5
5	1	6	9	2	8	4	3	7
4	7	8	3	5	6	1	9	2
8	4	5	6	3	2	9	7	1
7	6	1	8	9	5	3	2	4
9	3	2	7	1	4	6	5	8

第 71 题

2	4	1	9	3	8	5	7	6
5	3	8	6	7	1	9	4	2
9	7	6	2	4	5	1	3	8
8	1	5	7	2	4	6	9	3
4	2	3	8	9	6	7	5	1
6	9	7	1	5	3	2	8	4
3	6	2	5	8	7	4	1	9
1	5	4	3	6	9	8	2	7
7	8	9	4	1	2	3	6	5

第 72 题

6	9	7	4	1	2	5	8	3
2	8	4	5	3	9	7	1	6
3	1	5	7	8	6	9	4	2
9	2	6	1	7	4	3	5	8
4	3	8	6	9	5	1	2	7
5	7	1	3	2	8	4	6	9
1	4	2	9	6	3	8	7	5
7	6	3	8	5	1	2	9	4
8	5	9	2	4	7	6	3	1

第 73 题

4	7	9	1	8	3	2	6	5
3	5	6	4	7	2	9	1	8
8	1	2	5	9	6	4	7	3
7	3	1	8	4	9	6	5	2
2	4	5	3	6	1	7	8	9
9	6	8	2	5	7	1	3	4
1	2	4	6	3	8	5	9	7
6	9	3	7	2	5	8	4	1
5	8	7	9	1	4	3	2	6

第 74 题

3	4	6	8	7	1	9	5	2
7	5	8	3	9	2	1	6	4
2	9	1	5	4	6	7	3	8
5	6	4	7	3	8	2	1	9
1	7	3	2	5	9	8	4	6
9	8	2	6	1	4	5	7	3
6	2	7	4	8	5	3	9	1
4	3	9	1	2	7	6	8	5
8	1	5	9	6	3	4	2	7

第 75 题

5	8	9	3	7	6	2	4	1
3	7	4	2	9	1	5	8	6
2	6	1	5	8	4	7	9	3
8	9	2	6	5	7	1	3	4
6	3	5	1	4	9	8	2	7
4	1	7	8	3	2	6	5	9
9	5	6	7	2	3	4	1	8
7	2	3	4	1	8	9	6	5
1	4	8	9	6	5	3	7	2

第 76 题

1	7	9	3	2	5	6	4	8
8	2	5	7	6	4	1	3	9
4	3	6	1	9	8	5	2	7
6	9	8	4	7	3	2	1	5
5	4	7	8	1	2	9	6	3
3	1	2	9	5	6	7	8	4
2	6	3	5	8	7	4	9	1
9	5	4	6	3	1	8	7	2
7	8	1	2	4	9	3	5	6

第 77 题

5	3	8	1	6	9	4	7	2
9	4	2	5	3	7	8	6	1
6	1	7	2	8	4	9	3	5
4	5	6	8	1	2	7	9	3
8	2	9	7	4	3	1	5	6
1	7	3	9	5	6	2	4	8
3	8	4	6	9	1	5	2	7
2	6	1	4	7	5	3	8	9
7	9	5	3	2	8	6	1	4

第 78 题

1	6	7	9	3	4	8	5	2
9	5	3	6	8	2	4	7	1
4	8	2	5	1	7	6	3	9
6	7	4	1	5	3	9	2	8
8	3	9	7	2	6	1	4	5
5	2	1	8	4	9	3	6	7
7	4	6	2	9	8	5	1	3
2	1	8	3	6	5	7	9	4
3	9	5	4	7	1	2	8	6

第 79 题

1	2	6	7	8	9	3	5	4
8	9	3	4	5	6	2	1	7
4	5	7	2	1	3	9	6	8
2	7	8	1	9	5	6	4	3
6	3	1	8	4	2	7	9	5
9	4	5	6	3	7	8	2	1
5	8	9	3	2	4	1	7	6
3	6	2	5	7	1	4	8	9
7	1	4	9	6	8	5	3	2

第 80 题

4	2	6	5	1	7	9	8	3
7	1	9	3	8	6	4	2	5
8	3	5	4	9	2	1	7	6
6	9	2	1	7	8	3	5	4
1	8	4	2	3	5	6	9	7
5	7	3	9	6	4	8	1	2
3	5	8	6	2	1	7	4	9
9	4	7	8	5	3	2	6	1
2	6	1	7	4	9	5	3	8

第 81 题

3	1	9	7	5	4	2	8	6
7	2	8	3	9	6	4	5	1
6	5	4	2	8	1	7	3	9
2	4	5	1	6	7	8	9	3
1	9	3	8	4	5	6	2	7
8	6	7	9	3	2	1	4	5
5	3	1	6	2	8	9	7	4
4	8	6	5	7	9	3	1	2
9	7	2	4	1	3	5	6	8

第 82 题

5	2	7	3	8	1	9	4	6
4	8	6	9	7	2	3	1	5
3	9	1	6	4	5	7	8	2
2	5	8	1	9	3	4	6	7
7	3	9	4	2	6	1	5	8
6	1	4	7	5	8	2	3	9
9	6	2	8	3	4	5	7	1
1	4	5	2	6	7	8	9	3
8	7	3	5	1	9	6	2	4

第 83 题

9	7	1	5	8	3	2	4	6
2	3	4	9	1	6	7	8	5
6	8	5	7	4	2	9	3	1
3	2	9	8	5	7	6	1	4
4	5	8	1	6	9	3	2	7
1	6	7	3	2	4	8	5	9
7	9	2	4	3	1	5	6	8
8	1	3	6	9	5	4	7	2
5	4	6	2	7	8	1	9	3

第 84 题

6	9	2	7	3	4	8	1	5
1	3	5	9	8	6	2	4	7
7	4	8	2	5	1	6	9	3
5	1	9	3	7	2	4	8	6
8	2	4	6	9	5	7	3	1
3	6	7	4	1	8	5	2	9
2	7	1	8	6	9	3	5	4
9	8	3	5	4	7	1	6	2
4	5	6	1	2	3	9	7	8

第 85 题

7	2	1	3	9	5	8	6	4
4	5	8	7	2	6	9	3	1
3	9	6	4	1	8	2	7	5
1	6	3	8	5	2	7	4	9
9	4	5	1	3	7	6	8	2
8	7	2	9	6	4	1	5	3
2	8	9	5	7	3	4	1	6
5	1	7	6	4	9	3	2	8
6	3	4	2	8	1	5	9	7

第 86 题

1	4	9	5	2	3	7	8	6
8	2	7	9	1	6	3	4	5
6	3	5	8	4	7	9	2	1
9	5	8	1	3	2	6	7	4
2	7	1	4	6	8	5	3	9
3	6	4	7	5	9	2	1	8
4	1	6	2	7	5	8	9	3
7	9	3	6	8	1	4	5	2
5	8	2	3	9	4	1	6	7

第 87 题

9	3	2	4	6	7	1	8	5
7	8	6	5	2	1	9	4	3
4	5	1	8	3	9	2	7	6
5	4	7	2	8	6	3	1	9
6	9	8	1	7	3	5	2	4
2	1	3	9	5	4	7	6	8
8	7	9	6	1	5	4	3	2
1	2	5	3	4	8	6	9	7
3	6	4	7	9	2	8	5	1

第 88 题

5	9	2	1	8	4	6	7	3
3	6	7	5	9	2	8	4	1
8	4	1	6	3	7	9	5	2
1	5	4	7	6	3	2	9	8
7	3	8	2	5	9	4	1	6
9	2	6	4	1	8	5	3	7
2	7	3	8	4	5	1	6	9
4	1	9	3	2	6	7	8	5
6	8	5	9	7	1	3	2	4

第 89 题

4	2	1	7	8	5	9	3	6
3	7	6	9	4	1	8	2	5
5	8	9	2	6	3	1	4	7
1	6	8	5	9	4	3	7	2
9	4	2	3	1	7	6	5	8
7	5	3	8	2	6	4	9	1
6	3	4	1	5	2	7	8	9
2	9	7	6	3	8	5	1	4
8	1	5	4	7	9	2	6	3

第 90 题

9	4	1	7	6	2	3	8	5
3	2	6	5	8	1	9	4	7
5	7	8	9	4	3	2	6	1
1	6	5	2	7	8	4	9	3
8	3	7	6	9	4	1	5	2
4	9	2	3	1	5	6	7	8
6	5	3	4	2	7	8	1	9
7	8	4	1	3	9	5	2	6
2	1	9	8	5	6	7	3	4

第 91 题

9	7	8	1	6	4	5	3	2
5	1	4	3	2	7	9	8	6
2	3	6	9	5	8	1	4	7
3	9	5	7	8	6	4	2	1
7	6	2	5	4	1	3	9	8
4	8	1	2	9	3	7	6	5
1	5	9	8	3	2	6	7	4
6	2	3	4	7	5	8	1	9
8	4	7	6	1	9	2	5	3

第 92 题

2	5	1	7	8	4	6	3	9
7	4	3	5	6	9	1	8	2
9	8	6	1	2	3	7	4	5
5	2	7	6	1	8	3	9	4
8	3	4	9	7	2	5	1	6
6	1	9	3	4	5	2	7	8
3	6	2	8	9	7	4	5	1
4	9	5	2	3	1	8	6	7
1	7	8	4	5	6	9	2	3

第 93 题

1	4	8	6	3	2	7	5	9
5	3	2	1	7	9	8	6	4
7	9	6	8	4	5	3	1	2
3	8	5	2	6	7	4	9	1
2	1	9	4	5	3	6	8	7
6	7	4	9	8	1	2	3	5
8	2	3	5	1	4	9	7	6
4	5	7	3	9	6	1	2	8
9	6	1	7	2	8	5	4	3

第 94 题

7	5	3	8	1	4	9	2	6
6	4	1	2	9	7	8	3	5
8	9	2	3	5	6	7	1	4
1	6	8	4	3	5	2	7	9
4	7	5	9	2	1	6	8	3
3	2	9	7	6	8	4	5	1
9	8	7	1	4	3	5	6	2
5	1	4	6	7	2	3	9	8
2	3	6	5	8	9	1	4	7

第 95 题

8	7	1	2	9	5	3	4	6
4	9	3	8	6	7	5	2	1
2	5	6	1	3	4	8	7	9
5	1	8	3	7	9	4	6	2
7	3	9	6	4	2	1	5	8
6	2	4	5	8	1	9	3	7
9	8	2	7	5	3	6	1	4
3	4	7	9	1	6	2	8	5
1	6	5	4	2	8	7	9	3

第 96 题

7	4	3	2	8	1	9	6	5
8	1	5	9	6	7	2	3	4
9	6	2	4	3	5	1	7	8
1	7	6	5	4	2	8	9	3
3	2	4	7	9	8	5	1	6
5	9	8	3	1	6	7	4	2
2	3	9	1	5	4	6	8	7
4	8	7	6	2	9	3	5	1
6	5	1	8	7	3	4	2	9

第 97 题

4	2	8	9	6	1	7	3	5
9	7	3	5	4	8	1	6	2
1	5	6	2	7	3	9	8	4
6	8	4	7	3	9	5	2	1
2	1	9	6	8	5	4	7	3
7	3	5	4	1	2	8	9	6
3	9	7	1	5	6	2	4	8
5	6	2	8	9	4	3	1	7
8	4	1	3	2	7	6	5	9

第 98 题

7	6	3	8	1	4	2	5	9
1	5	8	2	9	6	7	3	4
9	4	2	7	5	3	6	1	8
3	8	6	1	4	2	9	7	5
2	7	9	5	3	8	1	4	6
4	1	5	9	6	7	8	2	3
8	3	1	4	2	9	5	6	7
5	9	4	6	7	1	3	8	2
6	2	7	3	8	5	4	9	1

第 99 题

4	1	3	2	6	9	5	8	7
2	8	6	7	1	5	9	3	4
7	9	5	8	4	3	2	6	1
1	7	9	5	8	4	6	2	3
8	3	4	9	2	6	1	7	5
6	5	2	1	3	7	8	4	9
9	4	7	6	5	2	3	1	8
5	2	1	3	7	8	4	9	6
3	6	8	4	9	1	7	5	2

第 100 题

7	5	1	2	8	4	6	3	9
3	9	2	6	1	7	8	5	4
4	8	6	3	5	9	7	2	1
8	4	9	1	2	6	3	7	5
1	3	5	9	7	8	4	6	2
6	2	7	4	3	5	1	9	8
5	1	8	7	9	3	2	4	6
9	6	3	8	4	2	5	1	7
2	7	4	5	6	1	9	8	3

第 C1 题

9	5	3	4	1	6	8	2	7
6	7	4	2	8	5	1	3	9
1	8	2	7	9	3	5	4	6
2	3	1	5	7	9	6	8	4
8	6	5	3	4	2	7	9	1
7	4	9	1	6	8	3	5	2
3	1	7	8	2	4	9	6	5
5	2	6	9	3	1	4	7	8
4	9	8	6	5	7	2	1	3

第 C2 题

1	9	8	3	5	6	4	2	7
2	3	6	4	7	9	1	8	5
7	5	4	1	2	8	9	6	3
5	6	2	7	9	1	3	4	8
9	7	3	8	4	5	6	1	2
4	8	1	2	6	3	7	5	9
8	1	9	5	3	4	2	7	6
3	2	5	6	1	7	8	9	4
6	4	7	9	8	2	5	3	1

第 C3 题

2	9	1	5	6	3	7	8	4
6	8	5	4	9	7	2	3	1
4	7	3	2	1	8	6	9	5
8	5	4	9	7	1	3	2	6
3	1	9	6	8	2	4	5	7
7	6	2	3	5	4	8	1	9
1	4	6	8	2	9	5	7	3
9	3	8	7	4	5	1	6	2
5	2	7	1	3	6	9	4	8

第 C4 题

9	5	3	6	4	1	8	7	2
2	4	8	7	9	3	5	6	1
1	7	6	8	5	2	3	9	4
5	8	4	3	1	7	6	2	9
6	2	9	4	8	5	1	3	7
3	1	7	2	6	9	4	8	5
7	6	2	5	3	4	9	1	8
4	3	1	9	2	8	7	5	6
8	9	5	1	7	6	2	4	3

第 D1 题

1	2	8	5	7	4	3	9	6
5	6	9	2	3	1	8	7	4
7	3	4	8	6	9	1	5	2
4	1	7	6	9	5	2	8	3
2	8	6	7	4	3	5	1	9
9	5	3	1	8	2	4	6	7
6	7	2	3	5	8	9	4	1
8	9	1	4	2	6	7	3	5
3	4	5	9	1	7	6	2	8

第 D2 题

4	9	2	7	1	6	3	8	5
5	6	1	3	2	8	9	7	4
7	3	8	4	9	5	2	1	6
3	2	9	8	6	4	7	5	1
8	5	6	9	7	1	4	2	3
1	7	4	5	3	2	8	6	9
6	1	7	2	4	9	5	3	8
2	4	5	6	8	3	1	9	7
9	8	3	1	5	7	6	4	2

第 D3 题

6	3	7	4	9	2	8	5	1
4	1	8	3	5	6	7	2	9
5	2	9	8	1	7	3	6	4
1	9	6	2	7	3	4	8	5
8	5	3	9	4	1	6	7	2
2	7	4	6	8	5	9	1	3
7	4	5	1	3	8	2	9	6
9	6	1	7	2	4	5	3	8
3	8	2	5	6	9	1	4	7

第 D4 题

5	7	3	6	1	4	8	9	2
1	9	8	2	7	5	4	6	3
4	6	2	3	8	9	7	5	1
2	5	1	8	6	7	3	4	9
7	3	6	4	9	2	5	1	8
8	4	9	1	5	3	2	7	6
3	2	7	9	4	1	6	8	5
6	1	4	5	2	8	9	3	7
9	8	5	7	3	6	1	2	4

第 D5 题

9	2	4	1	8	5	3	6	7
1	8	5	3	6	7	4	2	9
7	3	6	2	4	9	5	1	8
3	9	1	7	2	6	8	5	4
5	4	2	8	9	1	6	7	3
8	6	7	4	5	3	2	9	1
6	7	3	5	1	4	9	8	2
4	5	8	9	7	2	1	3	6
2	1	9	6	3	8	7	4	5

第 D6 题

8	4	9	7	6	3	5	2	1
7	3	5	2	1	8	6	4	9
1	2	6	4	5	9	3	7	8
5	8	4	6	9	2	1	3	7
6	9	7	3	4	1	8	5	2
2	1	3	8	7	5	4	9	6
4	7	8	9	3	6	2	1	5
9	5	2	1	8	4	7	6	3
3	6	1	5	2	7	9	8	4